BEYOND THE MUSIC

超越音符
>>> 林俊傑 20 週年

林俊傑、何昕明 著

ROAD TO JJ20

Preface | 序言 |

怪愛 JJ

2023 年，我們爲應屆畢業生辦了一個很酷的「不設限畢業禮」，有著超前的概念，邀請了不少年輕人喜歡的藝人出席，其中就有林俊傑。看到名單裡有他的時候，我非常開心，因爲我是 JJ 的歌迷。在他的作品中，我可以瞬間腦補出至少十首適合畢業禮的歌。而我感嘆的是，

那麼多年前他就是年輕人最愛的歌手之一,而到了如今,畢業生們依然深愛林俊傑。這位歌手的花期也太長了吧?

是啊!誰會不愛林俊傑呢?
還記得我粉上 JJ 是好多年前,我們節目邀請他來的時候。那次因為行程較遠他飛了很久,清晨才到達。下飛機直接來了現場,到了現場就直接開始彩排試音。那時的我因為早起臉還沒消腫,聽到他第一句歌聲出來的時候,我整個人驚呆了。這也太會唱了吧!請問這樣的嗓子合理嗎?這符合人體結構嗎?他是用什麼時間休息嗓子和開嗓的呢?真的非常讓人驚訝和讚嘆。其實我知道他不太喜歡別人說他是「行走的 CD」,這會讓他感覺自己是一個機器人在重複播放。可是,他確實每次就是這麼完美、這麼無懈可擊,所以,怪我們嘍?

我記得後來快樂家族的演唱企劃邀請 JJ 來助陣,他二話不說就答應了,還邀請我們去聖所一起頭腦風暴,討論音樂的創意和表演的細節。那是我第一次去聖所,也是第一次看到一個人可以為音樂為創作做到什麼程度。說是頭腦風暴,其實他已經有了很完整的想法。除了邀請我合唱他的《偉大的渺小》之外,還很用心地把我們節目的主題旋律《啦啦歌》融入他的音樂裡。後來演唱現場這段旋律響起來的時候,好多人都感動地哭了,這就是他對音樂的用心,更是對朋友對觀眾的用心。那一次和 JJ 合唱,我純

純就是一種被強者帶飛的感覺。雖然之前也很開心被邀請到他演唱會去做過嘉賓，有過合唱的榮幸，但這一次演唱企劃，JJ 非常感人地把重要的部分留給了我，而他則陪著我唱，這讓我壓力好大，練了很久。老實說，我唱完自己那一段，接著聽到 JJ 開口的時候，我心想：噢這首歌就應該是這樣唱的呀！我到底是在努力什麼哈哈哈！不過我當然覺得和 JJ 一起表演很開心，也看到很多觀眾評價說看到這樣的合作真的很感動！雖然也有些朋友後來忍不住說了實話，說：唉，如果是 JJ 獨唱就更好了！誰又不是這麼想的呢？所以又怪我嘍？

後來就在各種各樣的音綜節目裡看到 JJ 來幫幫唱，就算節目他沒有常駐，也經常會出現他的歌曲，就是傳說中的「林俊傑沒來，歌來了」。如果有哪一位歌手想要挑戰一首家喻戶曉又有難度的歌，大概率就會選擇林俊傑，甚至有時一期節目裡不止一首，一首歌不止出現在三四個音綜。我一直在等待一個可以和他合作一整個項目的機會，不知道為什麼一直沒有實現。難道緣分還沒到？是不是也怪我這個粉絲太心急呢？

再後來 JJ 出道 20 週年，他又把這樣重要的紀念放在了我們的節目。這一次我們和很多歌迷驚喜感動相見了，另外還有一個設定是透過遊戲贏到最後的嘉賓可以和林俊傑合唱。本身以為只是一個節目的設定，沒想到嘉賓們玩得都特別認真。原來那天來的很多人都是 JJ 的忠實歌迷，都

想和他合唱，還都準備好了華麗的演出服。當然最後合唱的人數有限，有人喜出望外，有人遺憾。記得恩熙妹妹本來贏了，但是看心心念念的張遠那麼難過，就把合唱的機會讓給了小遠，這成爲一段佳話。事後大家就在感慨，明明知道人人都愛林俊傑，都想要和他合唱，爲什麼名額不能多設定幾個呢？唉，還是怪我們呀。

那次的不設限畢業禮，林俊傑的表演當然是全場大合唱，讓人感動，也特別振奮。他演出完了離場，而我們還有一部分內容錄製，我一邊主持一邊還回味無窮。當我結束了所有工作收拾好東西準備離開的時候，導演找到我，說林俊傑演唱完了之後一直都沒有走，他在等你。我很吃驚地問：怎麼了嗎？導演告訴我，JJ 說好久沒見了，想你了，想要跟你合一張影再走。我當時腦子嗡了一下，那個心情很複雜，高興，感動，很甜，又覺得意外。這也太貼心了吧！我感覺我作爲歌迷還是太內向了，應該我主動提這樣的要求才對吧？真的還是怪我！

和林俊傑還有他的音樂一起走過的這些年，回想起來，其實我們是有過深聊，但是他好像並沒有和我侃侃而談過很多次，但是不知道爲什麼，我就是覺得他很親，覺得他很近，可能是因爲他做的很多事不是透過語言，而是透過行動，或是透過音樂，這樣一個特別的存在讓我很珍惜。出道 20 年的林俊傑寫了一本書。很榮幸可以提前看了全書。

這本書和他很像，很純粹。關於創作、關於音樂、關於人生，語氣特別像在跟你面對面說話。你應該和我一樣，挺想聽他在你面前說這麼多話吧？所以，這本書很珍貴，希望你打開這本書，靜靜地聽聽 20 年一路走來的 JJ 林俊傑想對你說什麼。如果你錯過了，別怪我哦！

何炅

Preface II
序 言 II

不為誰而做的夢

2003 年,那是 CD 的年代,
我在滾石唱片樓下的「學友唱片」,
漫無目的地翻看著,
有什麼新的音樂可以給我驚喜。

店員冷不防湊近,遞上了一張唱片,
封面是一個年輕的小帥哥,

張開雙手飄浮在圓月前。

「這個好聽噢！」

基於店員的長期推薦，
都沒有踩雷翻車的信任下，
我通常都會不猶豫地買下帶回。

但這是店員第一次推薦華語專輯，
「這小子有什麼通天本領嗎？」
我在半信半疑的心情下，
把這張名爲《樂行者》的作品買回家了。

-

我頗爲驚訝。
這是一張從演唱、詞曲、編曲，
都很悅耳、創新，毫不生澀的作品，
而這都出自一位新人之手。

某次的典禮後臺，
我遇到了這個很有兩把刷子的傢伙，
「你的唱片很棒！」
他露出了有點害羞的兩個酒窩，

那是我最後一次看到新人姿態的他。

同年,
他拿下 2004 年的金曲獎最佳新人獎。

-

之後再見到他,
已經是大氣而自信的他了,一首一首的超級金曲,
一次一次的完美舞臺,
這個當初害羞的年輕音樂人,
蛻變成一個家喻戶曉的名字。

這 20 年中,
我也有幸與他進行了《黑武士》《黑暗騎士》《黑鍵》黑色
三部曲的合作。

有句話說:
「恐怖的不是一個有天分的人,
而是一個人有了天分,還很努力!」
下一個 10 年,
不知道又會進化出怎樣的樂行者呢?
如果時間回到 20 年前,

再遇到當初那個年輕而害羞的 JJ，
是否他會知道，
有一場盛大而華麗的夢想，
正在未來的世界等著他。

這場夢，
為了他所重視的知音粉絲們？
為了他自己深愛音樂的心？

也或許只為了一個
從來沒有人知道的原因與理由⋯⋯

只因為，
每一個登峰造極的故事，
背後都有著一個⋯⋯

「不為誰而做的夢」。

五月天 阿信

Preface III
序言 III

記得在他們小時候，我看上一個多功能電子琴，很想買，但很多功能不會用。俊傑那時學習音樂創作需要它，他幫我實現了擁有它的願望，哈哈！

哥哥婚禮上，俊傑為他唱了首《將故事寫成我們》，當唱到歌詞裡的「一家人」，哥哥笑著對弟弟說「你是我弟」，哥倆好！你們都是我們長大了的孩子。小時候的俊傑性格和哥哥恰恰相反，內向不愛說話，直到中學哥哥帶著他組織了樂團才慢慢地活躍起來，也許是音樂啟動了他。後來參加了歌唱訓練班，再到臺北發展，性格內向的他在經歷掙扎和煎熬之後，終於能在萬人面前揮灑自如，跟歌迷一起快樂地分享音樂。

20年裡，有多少個徹夜創作，盡情演出。
在成都站，身體不舒服，他依然堅持上臺演出，這就是他！臺下的我擔心地望著他，總覺得每首歌都特別長。所幸，恢復得很快，在杭州站他又充滿活力，享受著和熱情高漲的粉絲融成 一片。真希望他以後一直都能以最佳狀態，呈現在演唱會上。

他在音樂的道路上非常幸運，有那麼多的老師、好朋友以及團隊的協助、歌迷的支持。一路走來，有開心，有悲傷，有快樂，有痛苦，都已過去了，之後希望有更健康的體魄創造出更多更好的音樂……在舞臺上盡情地發揮……唱吧！

林爸爸

CONTENTS

→ 第一幕
Act One
啟程，十年

| 冒險的召喚 YOU
3　婚禮歌手的日常
15　牽女兒的手

| 師父 MENTOR
25　未曾結束的對話
34　收徒，我講緣分
38　創作既孤單又熱鬧

| 鯨魚之腹 GO
47　新地球之夜
58　我和我的自畫像

第二幕
Act Two
啟蒙，第二個十年

| **試煉之路，盟友與敵人 SEARCH**

  71 你要不要出來坐跑車？

  82 列一份誰的歌單

  92 從記得開始 JJ20

103 給不具名嘉賓的 LIVE 對唱

| **獎賞 REWARD**

111 老闆沒有零用錢

120 用興趣認真交朋友

129 Gameboy & Love

135 兩個人比一個人好

| **痛苦 PAIN**

143 Still Moving Under Gunfire

152 Non-Hero

160 誰願意拿孤獨當娛樂

170 簡簡單單不簡單

183 完美的瀏海並不存在

194 學不會怎麼唱

第三幕
Act Three
歸返，未來，下一個十年

| 兩個世界的主人　RETURN

209　Castle In The Air

221　就當作給我的一份禮物吧

230　AI & M.E.

| 自在　FREE

237　苦得說不出話的奇蹟

246　沒工作的好日子

256　我用 20 年，重拾快樂

266　非關安可

Road to JJ20 →

Act One

第一幕

啟程，十年

冒險的召喚

Call to Adventure: You

A Day In The Life of a Wedding Singer
婚禮歌手的日常

　　洋溢著幸福笑容的哥哥，摟著嫂子在土地公廟外辦婚宴，他對著臺下賓客開心地大聲唱歌，這是哥哥的專屬舞臺。回想起來，這樣的情景已經是好久以前的事情，那是在我當歌手以前，而臺下的我跟爸爸坐在一起聽歌，更是難得。

爸爸曾說，他覺得小時候的我，沉默寡言，不知道怎麼表達，很令人擔心。這是事實。我承認小時候的我很害羞。即使我天生的好奇心跟外星人降臨無異，我對這新地球有無窮無盡的念頭跟想法，但悶在厚厚殼裡的我，就像還沒孵出來的蛋，生機無限卻一點聲音也沒有。誰能幫我把這顆蛋給孵出來呢？

「The Gents!」是我高中時加入的人生中第一個樂團，耳中還能聽見微弱的蛋殼破裂聲。他說，來一起唱歌吧！前奏喚醒屬於我前歌手歲月的日子。我永遠都記得哥哥組團時，臺上的他向我伸出手，找我去唱歌的快樂時光。當我第一次拿起麥克風，就像武士拿起了劍，片刻間身體裡充盈了力量，我像是開啟了絕對領域，站

← 兒時的我。
↓ 與哥哥的合影。

Road to JJ20

兒時正在彈鋼琴的 →
我。小學時期的我與 ↓
爸爸。

在舞臺上聲音透過呼吸從胸腔裡面竄出唱著歌,一切順理成章。我不需要再說話,旋律跟歌詞,能準確傳達出我小宇宙裡的所有想像。

　　1998 年,還在念高中的我跟哥哥一起報名參加海蝶唱片在新加坡舉辦的非常歌手訓練班,聽說報名的人就有好幾千,培訓期是 3 個月,每週兩天。多年後許環良老師說我在班上很活潑、調皮、人緣好,甚至用陽光少年來形容我。但我自己明白,在這競爭激烈且每個人都才華洋溢的班級裡,我是自卑與不自信的。我的聲音沒有班上同學阿杜那樣具有辨識性,唱歌技巧也還在學習,唯一的武器是自彈自唱寫歌,我壓抑了太多的感

↓ 海選過關,我在家開心唱卡拉 OK。

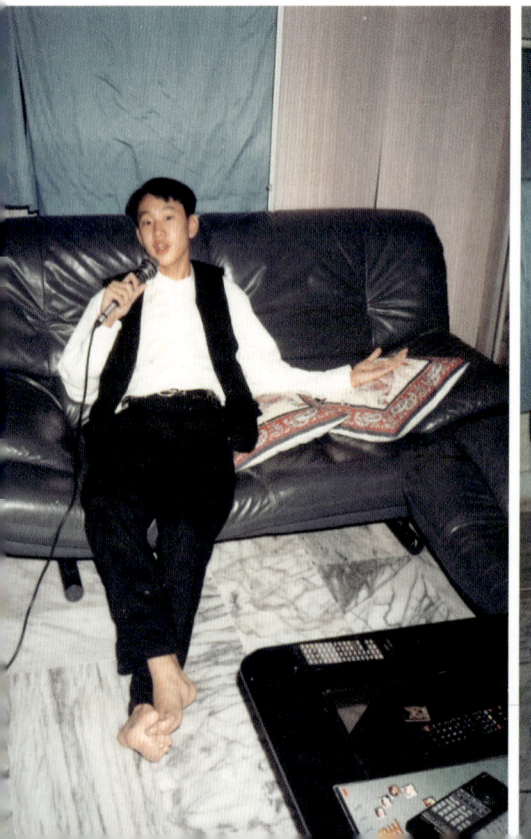

受跟故事想說。我還能彈鋼琴，但玩音樂的人會彈琴幾乎算是標配，我一點都無法感覺到自己有什麼特別。我跟同學玩鬧，純粹就是享受那段玩音樂的好日子，因為不知道 3 個月之後會怎麼樣，我只想儘量把握住我能夠好好學習和創作音樂的難得機會。每天結束後心裡想著，也許這就是最後一天了，但我知道我沒有辜負那些日子，因為我總是全力以赴。沒想到，3 個月後，我竟然幸運地成為最後留下來的 8 個人之一，可以繼續培訓。我還在舞臺上，手上的麥克風像是接力賽裡拿到了最後一棒，我拚命到達了終點，發現終點裁判吹哨後竟然還有下一場比賽。從那一刻開始，我才算是真正有了念想──夢想長出了翅膀，我可以考慮走一條跟別人不一樣的路。

雖然，我不擅長說話，但我還可以靠音樂表達自己。

培訓一年後，我高中畢業，是先去當兵等退伍後繼續我的音樂夢想？還是去念大學？哥哥已經是個大學生，他放下吉他，走上了多數人選擇的路，而我不想離開我的鋼琴跟音樂創作，但這是一個無法確定的未來。收到兵單前，我掙扎地跟爸爸媽媽坐下來談了一次。世界上也有些事情，沒辦法只用音樂來表達。當時我還不是《樂行者》，我還沒有唱出《就是我》、《會讀書》、《翅膀》、《凍結》、《壓力》，我只有很多很多埋在心底

的《不懂》，對，任他們說他們看我都不管，我只要宣布愛你的人就是我，對，沒有錯，我的想法就是簡簡單單，我想做音樂創作，就是我，愛上了音樂，我不需要再囉嗦，如果可以，我想把這些橫亙在心裡的渴求都化成曲，大聲唱出來，但時間還沒到。我所擁有的還只是在黑白琴鍵上難以捕捉的紛飛音符，往後我沒想像到的苦日子裡，我從幾百首歌的刻意練習中才能找出準確的語言來表達我的決心，我的未來還沒到。即使用那些還沒填上詞的曲，用最簡單的話語，哪怕詞不達意，他們聽我結結巴巴地說完未來的未來之後，沒有說一句話阻止我的妄想。

他們只聽明白一件事，我想唱歌。

愛唱歌的媽媽最懂我，但她從來沒有把唱歌當作職業的念頭。她說，對於我的選擇，她無法給我什麼建議，但她能讀懂我站在舞臺上時的笑容，會支持我去做讓自己開心的事情。爸爸跟我一樣，沉默寡言，這方面我像他。他也明白我平日的苦，那種跟朋友相處，跟團體相處時，總是詞不達意的孤單。他能理解我站在舞臺上時，渴望透過音樂與他人溝通的快樂。是吧？他真的懂。我拿手的是孤獨娛樂，跟誰講呢？不言退，不流淚，不狼狽，不認命迎合，還要 20 餘年，我才能在歌裡重新理解自己，但爸爸啊爸爸，20 年前他就看

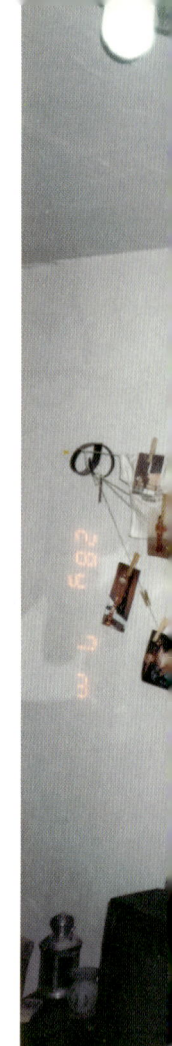

Road to JJ20

↑ 家裡爸媽買給我們練習的立式鋼琴。

↑ 與哥哥的樂團
The Gents。

破了我的緩慢苦澀，明白我這幾年半好半惡，半張臉求活著的坎坷。他明白，我需要唱歌。除了他，我還得讓這地球上的人懂：如果不唱，我的世界不知會有多寂寞。

　　現在回想起來，在傳統的華人觀念裡，爸爸媽媽對我的支持有多難得。他們是我的知音，作為我的首席聽眾，他們給我掌聲與鼓勵，這份無條件的支持，是一份多麼難得的禮物！

Road to JJ20

↑ 與歌唱比賽的總決賽參賽者們。

許環良老師，則是我另外一位知音。入伍當兵在文工團服役期間，我每週都寫兩首歌交功課，沒有一週間斷。他總是用心指導，慘的是我每週都被退稿，我就這樣在軍營的各個角落裡，在站哨、出操的間隙，來來回回寫了兩年，錄下的曲，寫下的音符，都是一顆顆響亮擊發的空包彈，硝煙退卻後靶紙上乾乾淨淨的，什麼痕跡也沒有。老師說，那兩年他以為我會堅持不下去。但他不明白的是，這是我選擇的戰鬥啊！我上了這戰場，

就沒給自己留餘地，衝鋒陷陣的我，不論是清醒時，還是沉睡時，或許就像在大戰時被困在小島戰壕中的士兵，我想活下去，即使炮火猛烈，無路可出。我眼睜睜地看著當初一起奮戰的同袍堅持不了，從前線退出，但我卻從來沒有產生放棄的念頭。為什麼？因為不管多寂靜的夜裡，還是能聽得見那纏繞於心，始終不間斷的旋律。我知道我有想念的人，愛的事物，對這蒼涼無常的世界想說的話，而我唯一的武器就是音樂。我們都忘了，這條路走了多久，心中是清楚的，有一天有一天都會停的，雖然我也害怕在天黑了以後，我們都不知道會不會有以後，誰還記得，是誰先說永遠地愛我，以前的一句話，是我們以後的傷口，過了太久，沒人記得當初那些溫柔，我和你手牽手，說要一起走到最後。是長達兩秒的沉默。我永遠《記得》，當我從許環良老師那短暫得像是一連串沒有標點符號的歌詞一口氣唱到曲終的沉默，我的心跳漏了一拍兩秒。他說，那是我這兩年來寫得最好的一首歌。他說，林俊傑準備好了。

林俊傑你準備好了，是嗎？

從那之後，我好像懂了，懂了我自己的創作不再是個意外，我終於能夠捕捉那看似飄忽不定的靈感，能夠表達愛與哀傷，我能從夢境中安然降落於現實，我的音樂開始有人懂。我接連寫了三十多首被許老師肯定的歌曲，像被收錄在

專輯《編號 89757》裡的《木乃伊》、《簡簡單單》這些歌，實際上都是在我發第一張專輯前就已經完成的作品。當我第一次在臺下聽著阿妹（張惠妹）唱著「誰還記得」，我記得，我永遠記得這份溫柔，是那些願意一直傾聽沉默無語的我唱歌創作的溫柔，我才能走到這裡，一個還在繼續往後延伸最後的最後。

　　天長地久，並肩走，你深情凝望著我說，幸福是你有了我。

　　哥哥對我這樣唱著。今天的我，可以是婚禮歌手。或許我內在還是當年那個害羞的男孩，但只要我拿起麥克風，跟上了他，在舞臺上，站好了位置，我不怕告白。我說，這劇本開始是一個人，我認真寫成了我們，一起走過俗世紅塵，誰還怕冷？某天離開這一座土地廟，去哪我都跟。哥，你微笑對我說，是的，你是我的人，我的弟弟。爸爸在身旁也低聲和著，這一生，原本都是一人，你堅持，廝守成我們。

　　一場婚禮，成了哥哥、爸爸和我三個男人的告白。眼神流動，說願意，在歌聲中，我們走進了彼此的人生。

　　進了門，開了燈，唱起歌來，一家人。

　　今天我當婚禮歌手。

　　盼來生，依然是，一家人。

↑ 小時候在奶奶家裡和爸爸媽媽哥哥烤肉。

Road to JJ20

Holding My Daughter's Hand
牽女兒的手

我有多久沒搭捷運呢？

我剛從倫敦回來，在時差中，感冒中，排練中，準備著今天晚上要面對圈內朋友的一場專屬演唱會。小小的，少少的，卻是一點都馬虎不得。這場沒有對外公開

↑ 《自畫像》MV花絮

的音樂派對,是面對離我最近,一群始終相信著並聆聽我音樂的朋友,有很多是在這 20 年來一直都很親近的人,因為世界的變化而不得不保持距離。他們退到了世界的另外一頭,但我相信,音樂不會讓我們彼此失去聯絡。這場音樂會,小小的,少少的,但卻是巨大而洪亮的。我想透過熟悉而熱情的呼喚,讓我來告訴朋友們,沉澱了好久的心情,從夢中甦醒,林俊傑還在,說的故事還沒結束。

20 年了,並沒有多久。
Happily, Painfully After.

Road to JJ20

匆匆滴答滴，滴答滴，感情理智被調和，慢慢具體了，成形了，你的名字鮮豔了，回憶淡了，感覺才深刻，你是我的原色。

我唱著《自畫像》，在這過去沒唱過的場地裡，看著之前設想討論過的視覺演唱概念，隨著歌曲被具體地呈現。朋友的，工作人員的，他們的自畫像用新的方式跟著我在 AI 繪圖中的模樣一起互動，像拼圖一樣，很好玩，希望每個來演唱會的人都喜歡他們專屬的自畫像。一起工作的夥伴說，一點點細節我都不放過，我是演唱會的大魔王！是的，只要是演出，我都不會輕易放過，就算是一場小小的，只有百人觀眾，只有一場，我也希望這是完美的一場。每一個 Pitch（音高）都應該在對的位置上，看到的，聽到的，感受到的，都應該是百分之百完美的相遇，而不是遺憾的錯過。因為我明白，也許我們就這一次機會相遇，面對面。如果可以，我會把此刻百分之百的林俊傑，都毫無保留地在魔幻時刻裡交給你。

但還不夠完美。

這是個新場地。在第一次演出前的排練中，我感覺到身體的虛弱。是時差？是感冒？還是一點點的不安？總覺得還不夠完美。是聲音？還是胃食道逆流的老毛病？我們這次又試了一些新想法，是太大膽了嗎？不會做不到吧？大家都在想辦法解決。多年的工作夥伴敏銳地察覺到我的不安，或許

可以出去透透氣。他們臨時提出，不如等中場彩排結束，我們就出去搭捷運，走出臺北表演藝術中心，外面就是劍潭捷運站，時間算得準的話，我們能搭上這次為了新專輯宣傳而特別策劃的列車。夥伴的語氣裡面聽得出忐忑不安，他們知道我已經有好多年沒搭捷運了。在沒有計劃的狀態下，匆促成行，我並不是怕騷動，也不怕近距離面對人群，只是怕給別人帶來麻煩。我的一時興起，會有安全問題，以及其他各式各樣的問題需要考量，更怕影響晚上的演出。

　　傳說劍潭是明朝的鄭成功為了震懾魚精而投下隨身配備的寶劍。

　　我也有我的寶劍，我的麥克風。

　　我只遲疑了一下，就說我們走吧，去搭捷運。去震懾一下我心底小池塘裡的「魚精」，讓它乖乖的，晚上唱歌時，別出來「鬧事」。

　　為了歌迷想硬撐的經歷，這並不是第一次。記得多年前，原定在武漢的一場演出活動，那天狂風暴雨，機場傳來消息說飛機可能會停飛，如果坐車需要坐 11 個小時才能到。為了準時演出，什麼念頭都有，當時我脊椎不適，不能久坐。經紀人怕我受不了，跟主辦方堅持要求按照合約搭飛機去。如果停飛，那就取消活動。那天演出，我得吃止痛藥才能堅持到安可曲，出發前醫生警告我，若不注意身體，恐怕會變成永久性的損傷。我明白經紀人的堅持，是為了保護

我,但我怎麼能夠不去呢?那些給歌迷的承諾呢?我知道即使雨下得再大,風再強,歌迷們都會做好準備來到現場,歌迷們是在他們真實的人生時間裡,抽出了珍貴的 2 小時和我相約,我怎麼能讓他們失望?我其實沒想太久,先坐上車去吧,痛之所以能夠忍受,是因為我能有跟歌迷們相遇的快樂。

孤獨娛樂,想著待會兒要對朋友說的話,又有一番新的體會。

從出門到捷運站,短短的兩三分鐘路程,剛剛唱的歌與旋律又像倒帶般快速地在腦中唱了一遍。

我雖然看起來總是跟一群人在一起,跑演唱會、練團、唱歌,但獨處的時間還是比一般人想像的要久。即使大家都離開了,我一個人也還在排練著,準備著下一場演出。

天悶了,雲混了,半冷半熱
風黏了,雨苦了,半累半渴
我聽見了,痛問快樂,為什麼你無視坎坷
——《Happily, Painfully After》

這 3 年,好和不好的在同時進行著,教會我一切,我們都會被帶著走。這時,我提醒自己,再多麼誇大、浮誇的事情,情緒波動再大,再多麼開心、多麼難過到想放棄,好像

始終不影響這個世界的運轉。需要找到自己的平衡點，Road to JJ20，這條路繼續走著，該用什麼樣的心態去面對，我告訴自己要找回純粹，找回快樂。這個過程要忘掉的雜念，快樂的定義一直在改變，我仍在摸索，仍在尋找，仍在感受，我還沒有答案。

對吧？
如果我就是個平凡人呢？

　　站在久違的捷運車站裡，跟大家一起等待 JJ 列車。上班的、上學的、旅行的，還有剛從排練場走出來的我，在時間軸上的此刻，我們交會了，等待同一班開往下一站的列車。就像我那一場場的演唱會，在那短短的時間裡同步了，藉由歌聲與音樂，還有我想述說的關於這些日子的故事風景，一站又一站。

　　車來了。上了車，腦中一瞬間又想起了接下來要表演的那一段組曲。

　　《新地球＋子彈列車＋ Wonderland+ While I Can》。是的，還能再調整一點，我待會兒可以把節奏再調快一點。如果換順序呢？哈哈，他們應該想「殺」了我吧。

　　一瞬間，在列車上瞥見了一個背影跟我自己年紀相仿的男子，錯身而過，男子牽著一個 10 歲左右女孩的手。女孩對我笑，我也跟她打了招呼。就像前一陣子在手機上洗版的

日本地鐵廣告「父と娘の風景」(《父親與女兒的風景》),小田切讓扮演父親,山崎天扮演女兒,全程無 CG 特效的真人演出,描繪父女一起通勤 12 年的景象。朋友傳來時,我看了幾遍,尤其是幕後製作花絮,我想了解它是怎麼做到的,我不能否認被新科技的手法吸引,我無法克制我的好奇心,或許下次演唱會或 MV,我也可以來試試。

但此刻在捷運上,短暫躍上我心頭的想法卻是,如果我就是個平凡人呢?

我不是那個 12 年沒搭捷運的流行音樂歌手。不是現在的林俊傑。

我是那個 12 年來都搭著捷運,牽著自己女兒的手,上下班,為著生活跟家庭的未來而打拚的父親呢?

真實的人生,我們都為自己做的選擇負責,只為這一個宇宙中的自己負責。對於無限個多元或平行宇宙的自己,我無權干涉。

我只能是此時此刻的林俊傑。

分岔路口,貪與渴求,但終會淪為塵埃漂流。

上個 10 年,我會說,我還沒做好準備,而接下來呢?拍照,打卡,小小的騷動。

我在捷運裡坐了下來,看著窗外飛馳而過的風景。

↑ 搭上為了《重拾_快樂》專輯宣傳而特別策劃的捷運列車。

　　好久沒搭捷運了。

　　想像著另外一個牽著女兒的手的自己，感覺挺好的。時差、感冒、排練，我的願與愁，我的元宇宙，有無限的可能。此刻我想的是，如果我有女兒，在那個未來裡，我會對著她唱哪一首歌呢？

　　答案不會在過去。下一站，下車時才能看見新風景。Happily, Painfully After.

　　接下來的 10 年，20 年，我充滿期待。

時間在倒數你在左右，多想踩碎沙漏
但能同時在同個宇宙，就不求滯留
——《願與愁》

Road to JJ20

↑ 《自畫像》MV 花絮。

師 父

Mento

Mentor: Needs

Unfinished Conversations
未 曾 結 束 的 對 話

一 封 給 林 秋 離 老 師 的 信

林秋離老師：

您總是那位徹底把我看透的人。當我還是個懵懵懂懂，愛看電影、打電動的宅男時，是您讓我相信，我可以把

我的真實生活變成創作的靈感。也因為這樣，我們才會有那麼多一起完成的天馬行空的作品，像《江南》、《第二天堂》、《西界》、《Always Online》、《曹操》、《精靈》等。

您也是那位，在我最脆弱、無助的時候，透過文字拉我一把的人。是您，提醒著我，音樂「不為誰而作」，而更應該先回饋自己的心靈，撫慰自己的內心。是您，告訴我，音樂的能量可以《穿越》時空！

每個創作人的內心世界裡，都住著一個渴望被理解、被接納的孩子，期待遇見跟自己擁有相同頻率的人。我們在這個世界一起留下了許多美麗的音樂畫作，我嚮往著某一天我們會再相見。

到時候，換我到您的世界裡面玩耍，繼續寫歌！

我音樂世界裡的英雄，林秋離老師，我會想您的！

林俊傑

我和我自己，
還有秋離老師的未曾結束的對話

什麼時候跟秋離老師開始對話的呢？

印象中，您說得多，我回得少。我進海蝶時，您是大前輩，是董事長，我是幸運的，當時我不太會表達自己，是您相信我能夠透過音樂把自己說不清的心思給表達出來，您總是比我更懂年少時那個害羞內向的 JJ。

　　從《星空下的吻》，您便開始參與我的詞曲創作，那一瞬間，您的文字出現在我的音樂世界裡，彷彿開了窗，把我抽離蠻荒的世界。你要我看星空，你說星空是無窮，一閃一閃亮晶晶，每一閃都是千萬音符跳動著心情，說我想不通，是心太重，不放鬆，連夜空的繁星卻都懂。是嗎？我半信半疑，原本我想像的是狼口帶腥味偏愛思念那月圓的美，是一種殘酷，但您看出了瞬間的片刻溫柔，是您要我抬頭看星空，遙遠的距離，我瞇著眼用力看，看了仍是懵懂。您伏案書寫，留下的每一個字，每一句詞，就像在歌裡施了咒，讓我明白從今以後在這條音樂路上，我不再是一個人走。

　　我的第一張專輯因為那年發生的一些事情而無法好好宣傳，影響了銷售成績，但您並沒有因此而對我失去信心。

　　您帶我到上海宣傳，花錢托了人情，卻仍沒有記者想要報導當時沒沒無聞的我。我在那最糟的日子裡，3 個月內跑了 26 個城市，真的很辛苦，但我更害怕的是，這一切才剛開始就像要邁向終點，在這裡結束。專輯簽唱到了西安，在看見兵馬俑後，我第一次感受到厚重的中國歷史和文化的震撼。那天回到飯店寫下了《江南》的曲，但該填什麼樣的詞

呢？當時的我，還不知道怎麼把內在的感動與衝擊用文字來述說，而第一版的詞，怎麼樣都傳達不了音樂所帶來的感受。我們找上了您。老師一個晚上就把詞給填上，而我念了好多遍，就是不懂，為什麼是從西安到《江南》，從風塵僕僕到小橋流水，這到底是什麼樣的故事呢？ 風到這裡就是黏，到底黏的是什麼呢？我真不懂愛恨情仇煎熬了誰。《江南》的詞，讓我想了好久，圈圈圓圓圈圈，我反反覆覆唱誦著，生怕您為我寫下的詞因為我不懂而給唱壞了。

您說，音樂先行，你要聆聽自己心底的旋律，詞是從音樂裡浮現出來的，你懂自己的音樂，就不會不懂跟著音樂走的歌詞。您在聽我寫的曲時，早已在詞曲的琢磨中對話了千百遍。您比我還能跟我自己的音樂說上話，而我怎能不懂呢？我得相信自己——故事跟隨著想像開展。不管是西安或《江南》，講的都是一份文化底蘊，都是世間亙古不變的情，那不正是當初我面對曾經埋沒在黃土地裡的面孔時的悸動。 歌詞與音樂唱和了起來，我好像想通了，不再感到猶豫。從那以後，我每次唱著《江南》，都像是開創了新世界，我就能夠重新詮釋新的故事，上海、北京、臺北、紐約、巴黎……無窮無盡地延展開來，每次演唱《江南》，我都隨著自己的心境感受到不同，唱歌時，我就能來到每一個聽眾心中的《江南》。

《江南》之後，我懂得唱歌了。故事隨著我唱的對象與地域而變化著，每次都不一樣，每次都是屬於您跟我那一刻獨特的《江南》，每一次都是我和您的再一次創作。我想，這是這首歌當時會一瞬間風靡大街小巷的原因。老師的歌詞，讓這首歌曲既古老又新潮，替聽者開創了想像力，深入人心。

但一直到您離開，我才覺得我真的明白了《江南》描述的那份情感與牽絆是有多麼的深重與不捨。你在身邊就是緣，卻沒有想到這份緣終究有畫下句點的一天，得知您離開時，那一剎那間凍結了時間。

是您先從我創作的音樂中聽出了《一千年以後》的潛力。

我想像了《編號 89757》的愛情故事，我談到 AI，許多人都不懂，覺得太科幻、太前衛，但你說 AI 就是愛，是您的歌詞把冰冷的科幻轉換成溫暖的人文情感。《一千年以後》，您說寫了 29 個版本，是走過了 29 個世界吧，而我唱了您最後為我展開的一個規模那麼宏大的科幻故事，紅色黃昏的沙漠，您跟我就像早已經走過。作為一個理應孤獨寂寞的創作者，我知道即使在沙漠中遠行，我只要跟著您的腳步前行，就不會孤單，也不會失去方向。您早就看到了我未來的未來，才有後來我們共同合作的《曹操》與《西界》，一起走過三國烽火連天，還有只有你我看見的黑暗面，我們活在的西邊，半邊白天，思念。

記得在籌備《和自己對話》這張專輯時，我面臨了人生中的第二次低潮。之前創作《新地球》專輯時，我有了新使命，開始有新的音樂創作想法。但在創作過程中，我努力打開一些新的可能性，在音樂性上，對環境，對人生，對於這未知的宇宙，還有信念、信仰對科技的衝擊。藍色哀愁，荒涼沙漠，有意無意的逃，卻沒人懂，是我想開啟的新地球有太多可能性，一時之間無法消化，因而感到抑鬱。我越拚命想做好新專輯，把技術面給搞定，就越感覺偏離軌道，不知道該怎麼辦。

　　我把這份忐忑不安、解決難題的心境轉換成新曲之後，只想到您，因為只有您能夠把來自我心底的音樂用咒語召喚而來，讓我看清楚我的困惑。

　　當時，您因為生病而頻繁進出醫院，忐忑不安的我還是寫了一封簡訊告知您我的狀況。您用《不為誰而作的歌》的歌詞回應了我的問題，讓我明白自己過去實際上是把自己關了起來，但我的使命是需要更開放、更敏銳地接受世界的給予，它會給予更好的，也會給予更壞的，這一切都會成為我下一階段成長的養分。看了歌詞之後，我豁然開朗。

原諒我這一首 不為誰而作的歌
感覺上彷彿窗外的夜色
曾經有那一刻 回頭竟然認不得

需要 從記憶再摸索 的人 和他們關心的
的地方 和那些走過的 請等一等

夢為努力澆了水 愛在背後往前推
當我抬起頭才發覺 我是不是忘了誰
累到整夜不能睡 夜色哪裡都是美
一定有個他 躲過 避過 閃過 瞞過
他是誰 他是誰
他是誰也許在真實面對自己才不顧一切
去探究當初我害怕面對
——《不為誰而作的歌》

你留下深夜燈火 溫暖了誰的痛
天再黑都有首歌能夠接住我
你不為誰也為誰 早已寫下結尾 當你走遠才懂了
OH 他是誰
——《謝幕》

　　我會非常想念您，想念您的幽默，想念聽您分享您作品中的許多巧思，想念能夠在夜深人靜時和您分享許多心中的靈感。

　　我會繼續唱著歌，我知道只要繼續唱著，我跟您的對話

Road to JJ20

就不曾結束,每一次對話,每一次歌唱,都是不同的故事。

這是林秋離老師教會我的事。

← 2015 年 12 月《不為誰而作的歌》MV 拍攝,與 40 人編制弦樂團。

Recruiting Apprentices
收徒，
我講緣分

　　出道 20 年來，我經常被問到，是否能給新世代音樂創作者一些建議。

　　我想我能給的建議就是，現在的音樂創作者應該要學會獨立完成很多事。時代一直在進步，網路的發展、資訊的流通讓資源的獲取變得十分便利，大家只要上

網,就有一堆免費的課程可以學習。人人都可以學的結果是,現在的競爭比起過去激烈太多了。新的創作者們如果想要在這個市場上競爭,除了技術面,各方面都得獨立一點。

過去的音樂創作者通常都有音樂公司協助,音樂公司有資源、團隊、專業人士,還有人脈可以支撐著你前進、繼續做音樂。但現在即使新人音樂做得很厲害,也不一定有足夠的人脈來支撐。人脈早已成為重要資源,新人需要找到肯賞識並幫助他走上音樂創作道路的人——一個伯樂。

新人當然可以選擇把自己的作品放到短視頻等平臺去分享,讓更多人聽見。但這樣的傳播形式如今也越來越難,平臺用戶真的太多了,大數據演算方式也發生了改變,導致新人的作品更難被大眾看見。此外,平臺其實自己也簽藝人,它勢必會更專注推廣自己的藝人和擁有版權的音樂作品,導致其他新人更難被發現。我想說的是,用戶量大的影音平臺,對新人而言確實是很好的資源,但要想和平臺搭上關係,最終還是得依靠人脈。

我這樣說,可能會讓很多人想跑到公司來找我。我很樂意為音樂界提攜後進,但坦白說,這並不是一件容易的事情,我會謹慎對待。

我不排斥收徒弟,但收徒這事很講究緣分。

並不是我聽到一個人唱得好,我對他有興趣,我就想幫他出唱片這麼簡單。如果這個人恰巧會創作,當然會很加分,因為那就代表他可以為自己講故事,並且是一個比較真

實的、透明的故事。它可以是一個武器，也可以是一塊跳板。但憑這幾點我就決定要不要收他為徒，這又太天真了。

我覺得，重點應該是一個人的音色，以及他個人的狀態及魅力。在這個時代，唱得好的人到處都是，但一個人要擁有被喜歡、讓人注意到的魅力更重要。

在收徒這件事上，我相信緣分。

我想過要成立一個學校，在上課的過程中，找到一些不錯的人，延續一些音樂傳承。目前還只是計畫，一方面是抽不出時間，另一方面是我也還沒有找到一個合適的模式來進行這件事。我希望能找到一個比較特殊的教學模式，希望可以達到比較全面的、沒有侷限的教學效果。我不希望這所學校會被侷限在某一個特定城市，我一直覺得有才華的人散布在世界的各個角落。

對自己要求要高一點，這是必要的，至少我是一路這樣走過來的。

此外，我始終感謝所有領著我這一路走來的師父們——漫長路途上，長輩們的指導，這珍貴而難得的緣分，是我戰戰兢兢努力的原動力，我也不會放棄任何學習的機會。JJ20，是被這麼多的愛所眷顧著，我心懷感激。

因为自己的工作，他的假期已从两个星期缩水为两个星期，因为他人的歌债，他连这两个星期也得找专心寻灵感而非专心享用。纽约好大，世界更大，纵然走在世人的羡慕里，可林俊杰的生活里，最后留下了什么呢？

成功的，输了工作他不剩什么了，像JJ吃饭是为了保得住工作，休假是为了跑得远点儿比赛多，搞得像个狂人，很享受如此这般。

JJ的通讯远不止于此。以他现在这股流行程度，专辑量起码也是要保证一年一张，所以基本上是这边上一张还在宣传，那边下一张已经在进行了。

好在JJ是随时收集灵感型，所以不会出现集中攻坚，短期内就要创作高产的情状，而他的味道，正是来自厚薄有致的收集，他不是那种大智若机小手腕好好的人，他的东西都有根深叶才开花结果。

作音乐，需要清净最起码安静，JJ现在很多创作歌手一样，需要有一段基本上闭关的时间，但各种活动，演出越来

一生要去纽约一次吗？那一定就得有很多人要像陶乐那样"走路"去吧。外面的世界很精彩，可外面的世界也很无奈，有太多的人无法像林俊杰，他说一生要去一次纽约，然后就去了。
其实他想去意大利佛罗伦萨，没有去成的原因是中途几经转机麻烦和浪费前者是阻于他生活能者则像一只不喝水的牛，它的头被一股强大的外力捏在水里，林俊杰的强大外力就是工作，集中尖锐的压强点则是那一大批拖欠许久的歌债。

行走中的林俊杰

很多问题，大家都心知肚明，但都被JJ像鬼打墙，怎么都说不清楚。比如别人请你写歌，算是莫大的肯定，你看等接货的萧亚轩、张惠妹、张韶涵、S.H.E……哪个不是品味委证？可仔细哪里高兴不难免有很微遗的，或许理清工作成狂时期，偶尔想起来还是鞭策奋斗的动力，而难得食困平静时，又知有座小山在街上，莫名其妙就不安起来。
没有事业的男人不成功，而

JJ心目中理想的房间状况，当然少不了音响设备和心爱的游戏机，无比的快乐与健康。

文/Sun高端一无所有
图片/本刊资料室

越多，这闭关也不能单纯了。这段时间，JJ的各种演出风起云涌，从央视到地方从慈善到商演到拼盘到各种活动——罗列起来数目惊人！这种活动如果于音乐人营养不大，但确是扩大影响的好机会。聚就是扰人的鸡肋，但生这个食言时代，结果不言而喻。

别以往，慢慢磨练出做艺人的方式和准则，可时间和个人空间已小到可怜。他心里也是洁净和纵横电路于生活之，艺人就这么纯粹了，同时，微人却几度春秋人。

别被以上种种的苦蒙蔽，虽然那是事实。

以JJ的现状，他似乎并没有理论分析的那么困，虽然生活中间时断续的欣赏、突如其来的喜悦，还有长年累积的无

纵然走在世人的羡慕里
可他的生活里
最后留下了什么呢

纽约好大
世界更大

来着，但最后都如船儿过过。是他的襟怀广大吗？形容人胸怀的词汇大概有举世皆知了能行得，小心眼、中庸之道儿种儿庸。那儿呢？
先看看下面这件事情吧，在《NO.89757》之前，JJ不是发了300多首创作吗，那次说JJ碎了一地完全不夸张，每一首歌都是他的"孩子"啊，它们的生产过程JJ这个爸比任何一个妈妈都要深谙痛苦和幸福。虽然他是这个爸却还是会让自己的孩子第二次丢失！真的，这个人就是JJ。
他惊慌的时候回新加坡没有人工作人员跟随行，过海关的时候，背着自己的电脑的就竟自回老家去了！把列外一个装有手提电脑的包包奶放在安检处，发现不对已经是隔天的事情了，当然坏了了台湾省的海蜥公司，新专辑歌单的全部存在电脑里呢，这是这是程微曝光王了得！好在海关保存压看，JJ填写时，又忘记写了一台单亲的数码相机，要海关照得才想起来。

他的东西从戒指、手机到登机证、护照……能丢的都丢过了，要是有机会一直跟在JJ身后，说不定是在也不富了！上述东西有服务中心的作用吗？别以为这有关性，其实它已

是JJ快乐知故的次要原因。没心心力的年轻人，扛不上什么楼怀广大。没心机会大多到什么都不在乎，年纪才能有那种快乐的"不负责任"。
那主要的原因呢？师妹金步回忆第一次见JJ的场面："我差于抽风对地抹桔平的时候不是在公司的一次聚会上去，在时他就继续十分乖巧的小孩，不过他尔妨取室，速走哪都在练习跳身了！"那你在呢？"他是等我的心血风格有变化，人也起来越有艺人味儿了。"
还话睡乱跳，走路都在练习跳舞呢，有第一手生活体验就是不一样，是不是放了T好立体？让人不可思议的是漫画里真人不露相位未满林志的狠角色。
斗去有目的，基础是自信，手段是努力。JJ的目的再简单不过了，把音乐作好别无他求。世界上绝没有无借无敌的自信，已有望不可摇的事业王国，JJ还怕什么呢？在动、压力、无奈不是王国上空偶尔的灰色浮云罢了。
努力是一种人生态度：做想做的，努力就是一件可怕易不计。这一点总出上才想起来，这个世界上没有比他更艺定该爱的人了：活着就为了更取到西部《唐僧在《大话西游》后被打扭了再争辱上，但具的答厚二人大精神与自同放宽，此外刻若去太村技能。请歌道连着写词论。为了拯救别人，唐僧连取经也可以不跟，JJ幸运，不会遇到72洞的妖魔鬼怪，也没有别什么需要他会斡旋的对象，只是这本于他的东西不能正在都剥夺去，可它们不论是像不白普曾白的慢头、女儿国多情的国王……不论色彩情状如何坎坷杜苍茫杰壮……普普这去不计疾痕迹。

因为他们的心里都只有一条路一路无前，唐僧的西方极乐，JJ的音乐舞台。

因为合作拍摄过广告，所以这里资对张震的行演哥哥张震此刻他更有兴趣。乐坛小报告

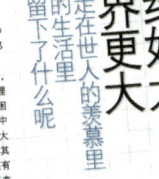

Creativity Is Both A Lonely and Busy Road

創作既孤單又熱鬧

我一直相信，創作是有生命的。每一首歌曲有她自己想說的故事。

因此，我在創作歌曲的時候，雖然會有歌詞的想像，但在錄製 Demo 給作詞人時，大部分會選擇不把心中所想的歌詞唱出來。我的 Demo 從創作

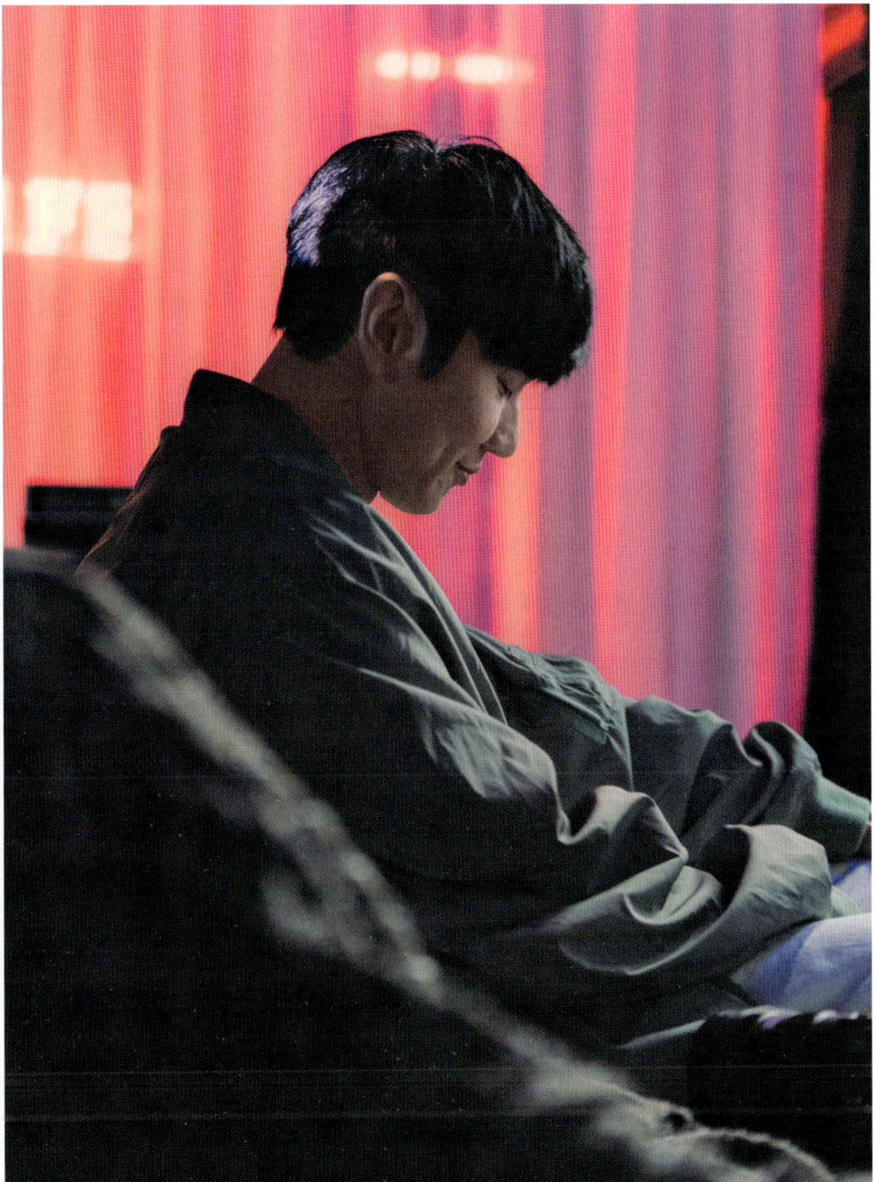

《修煉愛情》開始就是這樣的，只有簡單、純粹的鋼琴聲與哼唱，著重在歌曲靈魂的召喚。我不希望我對歌詞的想像限制作詞人的創作，也不希望他們聽到粗糙的半成品，因為我始終相信好的音樂自然能產生對話與共鳴。

記得 2022 年年底，疫情來到尾聲。我在半夜兩三點的時候給易家揚老師傳了訊息，分享我的 Demo，問他是否有時間幫我寫歌詞。後來易家揚老師在閒談中跟我分享，他是在一片漆黑的家中聆聽這首曲子的。他說，這首歌讓他想起了疫情下每個人的狀態，每個人都被關在自己的小黑盒裡，過著只有半張臉的日子。我這首歌要說的，正是大家被困在自己的世界裡時所呈現的、瘋癲狀態下的自我感受，心堵了，人倒了，地球喊著，我拿孤獨當娛樂。

《孤獨娛樂》是一首音樂旋律結構宏大的歌，Bridge（指一段高亢變奏卻不同於副歌的特別段落，一般用於銜接最後一段副歌）很長。易家揚老師說，我的 Bridge 有一種魔力，把他拖入另外一個特殊的世界。他的腦海隨著音符浮現「苦行僧」「初學者」「謎語鎖」這樣的字眼，後來這些詞語彼此排列組合，成為「苦行僧和初學者弄不懂的謎語鎖」。幾天後，易家揚老師帶著歌詞來到工作室，大家都在。我們播放這首曲子，一起看著歌詞，仔細感受那個大家被無形的牢籠困住、找不到出路的時空。我知道世界蠻黑的，在面對這些困境的時候，大家都是第一次，都是初學

者。大家一起經歷這一切,就像是當代修行的苦行僧,但不管多苦,我們依舊負傷挺進,沒有人想被打敗,誰都不想認命迎合,配上了詞的曲,要述說的使命也有了重量。

剛聽完,我就看見工作夥伴眼角的淚。那一瞬間,我知道,這歌詞對了。我看著易家揚老師,說:「真好,你來了,歌詞就到了。」

夜半時分,我把《孤獨娛樂》的試唱錄好,傳給易家揚老師。這首歌就這樣敲定了。

像這樣的創作默契,讓孤單的夜,總是在創作思緒中喧鬧著。心靈交會之際,好像也就不孤單了,因為另外一個人聽得懂,便寫成了詞。

另外一個神奇的默契也發生在最新的專輯裡。我剛看完《捍衛戰士2:獨行俠》,心裡有感觸,寫了首曲,傳 Demo 給易家揚老師,什麼也沒說,只問了他,有沒有看過《捍衛戰士》。老師說,他到北京工作,閒來無事的時候喜歡看舊電影,隨著《捍衛戰士 2》熱映,剛好重溫了《捍衛戰士》。我們倆一拍即合。我說,想藉由這首歌回想20年前的狀態,一種泛白而炙熱的友誼關係。老師說,這首歌讓他想起《捍衛戰士》裡一群人在海灘上打沙灘排球的那一幕,光從海裡掙脫,翻過沙灘探索,問我找什麼,白色泛光中的我追尋著夢的線索,你跟我。他說,他能看見陽光灑在海灘上的樣子。《逆光白》就是這麼來的。

老師在《逆光白》正式發行前就把這首歌放給朋友聽過了，朋友說這首歌好陽光，好有渲染力，可以看見一群老朋友的過去與現在。這是我和老師的創作默契，我們一起把一個畫面，用音樂和文字渲染成一首歌。

我和懷秋則是另外一種模式。

懷秋是認識很久的朋友了。懷秋在大嘴巴組合時期就開始創作，但組合的歌詞大多是比較輕鬆、頑皮的路線，跟我的路子不太相同。有一次，我臨時把他約出來吃早午餐。我有心事，我沒說，但他知道。我在爲一首歌的歌詞煩惱，已經寫了好幾版歌詞，都不太滿意。他說想聽聽看。聽完後，他說他想試著寫寫看。我原本還想簡單地告訴他這首歌曲想要表達的情感，但他卻告訴我，他已經從 Demo 裡聽懂了。我不太確定他是不是真的懂，但歌詞需要在兩天內完成。我告訴他，如果在兩天內沒有找到合適的歌詞，我就會從原本的 8 個版本中挑一個比較喜歡的來用。兩天後，我收到了懷秋的詞。追尋真理或安於現狀，選擇墨菲斯哪顆藥丸，紅藍的抉擇何必掙扎，我色盲只能裝傻。或許是，我們常一起看電影、聽音樂、喝咖啡，我的煩惱他真的理解，我很喜歡，所以最終用了他的詞。那首歌就是《四點四十四》。我對他作詞的信任，是從這裡開始的。

還有一次，懷秋來大陸看我的演唱會，我們在機場候機。我發了《最好是》的 Demo 給他，請他打開聽聽，這

次我什麼都沒說。最終，懷秋交出來的歌詞證明了我對他的信任。最好是昨天都忘了，最好是明天都不記得，平行時空重疊了，卻沒交集了，我還能做什麼？歌詞裡寫到有關平行時空的事，我從來沒有告訴過他，那張專輯想要表達的就是平行世界。

我有時會感受到自己像是活在平行世界裡面，不被理解，感到寂寞，而創作是跨界的魔力，讓我相信在另外一個世界的自己，是被理解的。或許正是因爲這樣，我渴望對話，所以我不會停止寫歌。

↑ 與好朋友懷秋在「和自己對話」3D 音樂展現場。

Road to JJ20

→ **懷秋說**

　　我自認不是一個以寫歌詞維生的作詞人。對我來說，寫歌詞是一件困難的事。因為每寫一首歌，我都感覺像是花了很多時間來親手扒掉身上的皮。這過程對我而言，是痛苦的。除了 JJ 的邀約，我幾乎拒絕了所有的歌詞邀約。之所以如此，或許就是因為我們彼此在多年的相處中，已經有了足夠的默契、理解和信任。

→ **毛毛說**

　　JJ 尊重專業。印象很深的是，「聖所」世界巡迴演唱會的最後一場是在線上舉行的，當時 JJ 對動畫內容有些意見，不是很滿意最終呈現的效果。但 JJ 表達完自己的想法後，仍希望聽聽動畫師的想法，他想知道專業人士為何會選擇這麼做？得到對方的回覆後，JJ 表示理解動畫師的決定，放棄調整。有的藝人，或許就不會願意聽別人的想法，但 JJ 依舊願意聆聽不同的聲音，並試圖去理解。

鯨 魚 之 腹

Inside The Belly of a Whale: Go

Night of the Brave New World
新 地 球 之 夜

「要開始了,你要不要和我一起?」

2014 年,我憑藉《因你而在》獲得第 25 屆金曲獎最佳國語男歌手獎後,在一個如往常祝禱的夜裡,得到了來自「他」的回應。這是直覺,就像是音樂常常讓我

Road to JJ20

· 2014 年金曲獎以第十張創作專輯《因你而在》獲得最佳國語男歌手。

感覺自己能跟宇宙對話一樣，音符就像宇宙脈衝一樣，我嘗試解讀出訊息——「要開始了」。我迫不及待地來到鋼琴前，錄下《新地球》的前奏，然後發給團隊裡的夥伴們，告訴他們，我準備好了，我想嘗試一些新的東西，準備好啟動專輯《新地球》的企劃。

專輯《因你而在》成果豐碩，專輯《新地球》則一開始就陷入了困境，但我可沒有 NASA 可以求援。我跟團隊面對猶如登月計畫一樣的企圖心，不免感到迷惘，尤其當我們意識到有這麼多人愛著你，期待著你的下一步時，我們不該對這個熱情的「市場」有所回應嗎？現在回想起當時，會覺得這一道高牆可以輕鬆跨過去，現在的我擁有武器跟翅膀。但坦白說，要同時兼顧市場取向與音樂創意並不是一件容易的事情。我在起點上猶豫，會不會走得太超前，飛得太遠，歌迷能夠理解嗎？我跟經紀人談到這困惑，她看出我的焦慮，只問我「預付拿了嗎」。預付拿了，對公司就有交代了，剩下的就是創作的事情，後面的數位跟我沒關係，要面對市場，要賺錢，那讓團隊去操心。至於我，應該專心創作，好好透過音樂來表達自己，這才是正確使力的方向。

撥開明月見青天，「新地球」到底該怎麼去，才是我需要擔心的事情。

我很感謝團隊對我的支持。我覺得身為一個音樂創作者，有能夠理解，並且釐清團隊方向的人在旁，就是

最好的助力。新專輯的名字叫作《新地球》，就是打算要顛覆某些想法，勢必要打破某些原本設定的保守界線，而誰能夠作為一起往前飛馳的保護傘？誰又能保證讓情況不至於失控？天時，地利，還有人和。

專輯的概念來自科幻小說《The Wanderers》，小說裡講述了世界上存在著一群有著自己獨特暗號的人，他們不一定在生活裡熟知彼此，但「if you know, you know」，他們只要見到對方，就能知道對方是自己人。那時的我覺得世界變得越來越片面，科技的崛起、網路的發展改變了人類對於美好的定義，我想探討一些「純粹」的事，讓世界回歸到原點，用「獲得」與「失去」之間的體悟來打造一個科幻寓言故事。

新地球，他們這麼叫，臉上沒有笑，說著一口陌生腔調，變了味道，人們為三餐奔跑，一切的愛恨都在自尋煩惱，被遺忘的小島。

我專門為這張專輯設計了一個人將手放在胸口的 logo。設計專輯 logo 的初衷也是希望大家能讓《新地球》的 logo 成為一個暗號，讓大家在這茫茫的地球上找到與自己志同道合的人。我一直都希望能在世界上找到很多很多志同道合的人，一起並肩作戰，一起把我們的夢想變成現實，讓我們彼此知道，我們在這藍色哀愁的地球上並不孤單。我在音樂上嘗試做科幻寓言，那幾年我喜歡玩很多電子的音色，MIDI 技術也可以把音樂做得很好，很酷。隨著年紀增長，又開始

↑ 《新地球》的專輯
封面與專輯logo。

喜歡真實樂器的聲音，真實樂器有特別的音樂質地，而且那種厚度、情感和圓潤，是 MIDI 無法製造出來的。這種古典與電子的結合，反而帶來聽覺上的反差，有種懷舊的未來感。

　　浪漫血液，從一個眼神，一次談心，到變懂得，變熟悉，從累積感動，累積回憶，到最甜蜜，我想唱出浪漫的定義。在這最陌生的沙漠裡，人與人之間怎麼樣才有聯繫？是每個人身體裡都有著浪漫血液嗎？雖然是過往擅長的情歌，但前中後三段我在編曲上做了很大轉折，又要有浪漫、隨性的感覺。隨著整首歌曲音樂編制越來越龐大複雜，要用聲線去唱和是需要蠻多技巧的，要有浪漫的感受，就得放輕鬆，但實際上我唱的時候小心翼翼，一點也不輕鬆。

　　《黑鍵》是跟五月天阿信合作。我們做了很多樂器 solo 的段落，爵士鼓、電子琴、電吉他，把 Band 的感覺給做出來，有 LIVE 的感受。

　　我們真的來到新地球，對我來說，是一場危險且有趣的音樂探險。

　　我深深期許著這張專輯能成為一張集科幻與人文關懷於一體的專輯。我甚至說服了唱片公司針對「你值得更幸福」這句話進行廣告投放和宣傳，我的夢想很大，但他們同意了。唱片公司的同仁給了我源源不絕的信任，冒險地陪我賭了一把。初期宣傳上，沒有放上我的臉，也沒有「林俊傑」這三個字。這違反了原本設定的宣傳原則，但我想試試。

《水仙》是寫給我最親愛的奶奶，那是她的名字。

我清楚記得，那是在 2013 年 7 月 13 日，我出道 10 週年的「時線 Timeline」巡迴演唱會臺北場的第一天。這 10 年，我實現了前一階段的夢想，我想將這 10 年來的點點滴滴分享給陪我一路走來的人。我找來好朋友懷秋擔任第一場的嘉賓，我們站在舞臺上、聚光燈下賣力演出，臺下不只有我的歌迷朋友們，爸爸媽媽也在臺下，這對我來說意義非凡。10 週年，人生能有多少個 10 年？我是如此幸運，有這麼多人陪我走了 10 年。

我不知道的是，當我還在臺上演出時，我爸媽就收到了奶奶病危的消息。為了不影響我的演出狀態和情緒，他們選擇暫時隱瞞，臺前臺後都知道奶奶病危，只有我還被蒙在鼓裡。當時我有一點愚鈍，說好要看兩場演唱會的爸爸在看完第一場之後就趕回新加坡了，我覺得奇怪但沒發現端倪。演唱會裡的一分一秒，我能察覺樂手之間音樂的微妙變化，但在真實的人際關係裡，我總是不夠敏銳。

我在慶功宴上慶祝，助理卻已返回住所替我收拾行李。結束後回到車上我才知道奶奶在下午過世的消息。那一晚，我經歷了大喜大悲，大起大落。

奶奶走了，我知道奶奶會叫我不要哭，她說，要我把該做的事做好。我回到家裡，看見爸爸因為奶奶過世而難過。那是我第一次見到爸爸的脆弱，他承受不住打擊，而我必須堅強，我想成為爸爸的依靠。

我做到了。我很快調整好狀態，幫助家裡處理後事，然後很快地再投入工作中。我不停地往前走，我相信只要我好好工作，照顧好家人，奶奶在天之靈就可以放心，一切都會慢慢好起來的。畢竟我在寫第一張專輯《樂行者》時，就已經在《會有那麼一天》這首歌裡寫過。

夕陽西下 鳥兒回家 阿嬤躺在病床上
呼吸有一點散漫 眼神卻很溫柔
看著爺爺 濕透的眼 握著他粗糙的手
阿嬤淚水開始流 輕聲說道

我要離去 別再哭泣 不要傷心 請你相信我
要等待 我的愛 陪你永不離開
因為會有那麼一天 我們牽著手在草原聽
鳥兒歌唱的聲音 聽我說聲 我愛你
——《會有那麼一天》

　　我一直以為我是堅強的大人，已經懂得如何應對這件事，已經可以成為家裡的依靠。直到經紀人說，要不要寫一首和奶奶有關的歌時，我才發現，我還沒來得及好好消化奶奶離世的悲傷，我才驚覺我每天過著沒有陽光的日子。

　　奶奶陪著我長大，影響了我很多。小時候，我好喜歡去她家。她說，過年圍爐時要多吃吉祥菜「蒜菜」，錢才會越

算越多。我信了，也照做，所以才能有今天吧？她是我最忠實的歌迷，她說喜歡聽我唱歌，在家裡的牆上貼滿了我的宣傳海報和照片。她很疼我，她很堅強，即使是在被病痛折磨的日子裡也從未流過淚。我其實一直都知道她病了。嚴格說起來，那一年應該是疫情前我回家次數最多的一年，勉強也算是做到了承歡膝下。那時候懵懵懂懂，不知道這些事對我來說意味著什麼，直到奶奶走了，我才知道原來她對我如此重要，原來她給了我這麼多力量。

> *生生離別 息息不甘休*
> *你用時間告訴我*
> *在迷路的時候*
> *有你愛我 永夜也是永晝*
> ——《生生》

　　我把這些感觸都化作了《生生》這首歌，這是奶奶教我的最後一課，她教會我如何告別。奶奶過世是我的永夜，但奶奶教會我的事，會成為陪伴我一直向前的永晝。

　　2014 年 12 月 27 日，專輯《新地球》正式發行，而我的褲子竟然在 12 月 31 日破了？我想起之前的夢，問我要不要一起的夢。我突然好像懂了，夢裡所說的開始，是好運開始的意思吧？所有不好的事，都會在 2014 年結束。當午夜鐘聲響起，2015 年來到，一切就都會變好的。

2015 年 1 月 1 日，一切都該好起來的那天，我在西門町的簽唱會上被意外突襲。這不符合預期。我回到保母車上，餘悸尚存，看著窗外飛馳的風景，我卻釋懷了。原來，我想錯了。這不就是我在《新地球》裡面想探討的嗎？我們彼此之間，誤解的、憤怒的、好的、壞的，都不可避免。唯一能夠改變的只有自己，自己面對這個世界的態度，能接受的，或者不能接受的，我都該臣服，學習。

這應該才是奶奶想對我說的吧。好與壞相生相剋，晝夜輪轉，生生不息。

↑ 哥哥（左一）、表弟（右一）、我跟奶奶的合影。

I am brave and strong

I am every song

I am here to shine

I'm not afraid to fly

I am loveable

I am invincible

And I am tough enough

And I'm ready to catch

that falling sky

I am alive.

—— 《I Am Alive》

Me and
My Self-Portrait

我 和 我的
自 畫 像

你是夏天的顏色

染上秋天的蕭瑟

寒冬覆蓋了青澀

轉眼 春去春來太多求不得

——《自畫像》

→ 藝術家Henrik Aa. Uldalen為我量身打造的油畫。

Road to JJ20

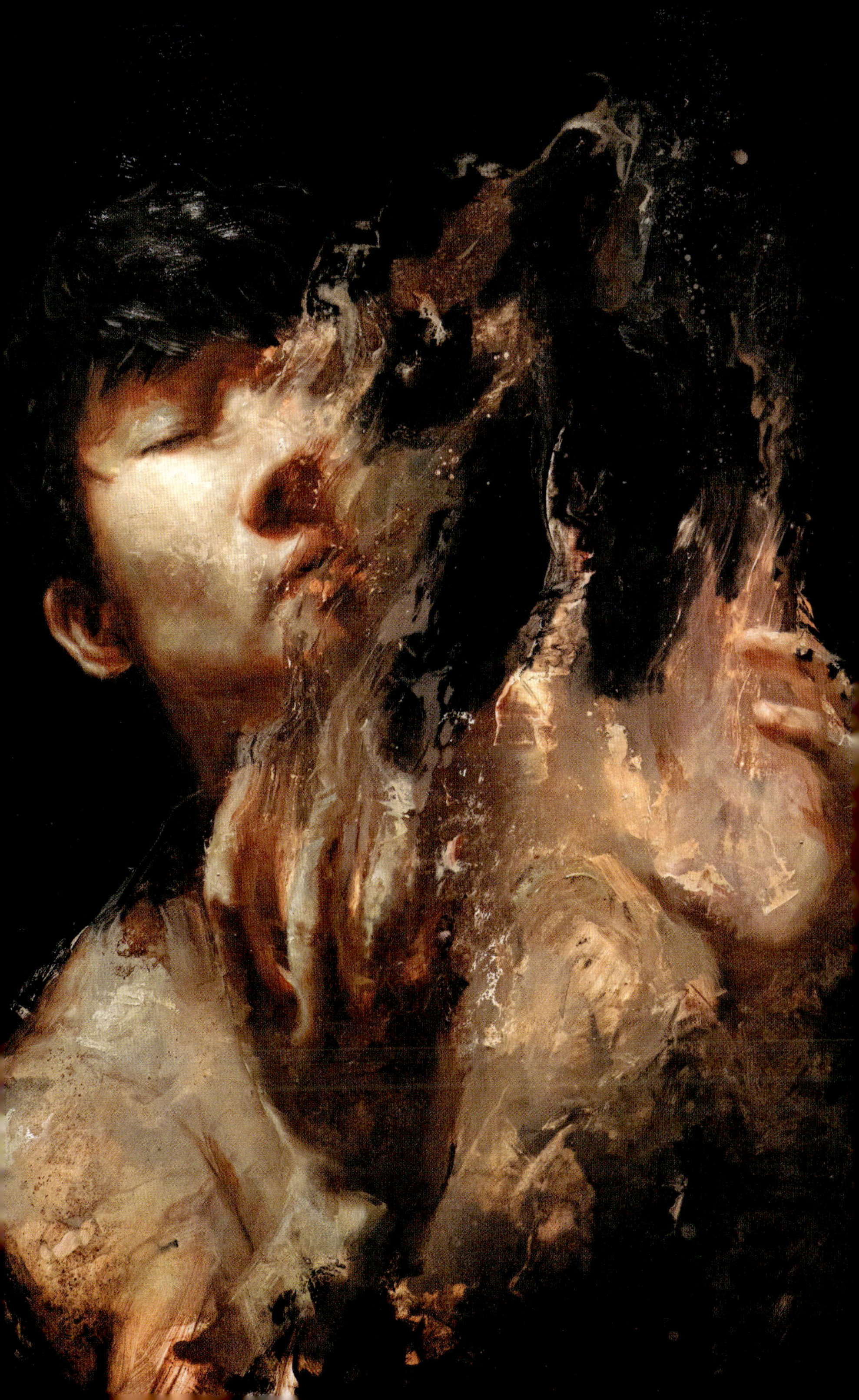

上圖：路上巧遇林怡鳳。
中圖：與林怡鳳、許環良在《可惜沒如果》專輯錄音現場。
下圖：與團隊在洛杉磯。

我好奇這 20 年來，我有什麼不一樣？如果找一個人，幫我畫一張自畫像呢？那這個人必須要從 20 年前就在我身旁，看著我，關心我，理解我。

所以我找了林怡鳳，我們就像同期的同班同學。她跟我一樣，都是林秋離老師的學生。當時她是企劃，我們一起工作，一起等待專輯成績放榜，一起跑簽唱會，陪伴彼此度過了一段青澀的時光。畢業後，兩人去了不一樣的地方，或許不常聯絡，但總是會透過不同管道看到或聽到對方的消息，並會為對方開心或難過。

《自畫像》歌詞的第一句「你是夏天的顏色」，她說，這就是她見到我的第一印象，一個從陽光充沛的新加坡來的陽光男孩。副歌的最後一句則是「遠看著你近完美了，你卻不懂」。

我懂。

我以前是個不會把自己的擔憂和恐懼外顯的人，更不會和別人說。但只有你注意到我，在選歌的會議上，你發現我在塗塗畫畫，看了一眼我畫的內容，你說，我的筆觸是緊張的、壓抑的。還有一次，你幫我整理資料夾時，無意中發現我拍的照片，你說，我拍的照片有點灰暗。你問我是不是最近壓力很大。

我明白，你擔心專輯《樂行者》的發行沒有達到預期，我會受到打擊。你知道，當時的我為了當歌手，幾乎賭上了

所有的未來，甚至為此放棄念大學。雖然我也只有雲淡風輕地告訴你，遇上困難也沒辦法啊。但我聽得懂，當時也只有你跟林秋離老師明白我的恐懼與擔憂。我們都一樣喜歡林秋離老師寫的《害怕》，愛與生活的一切，你以為我知道怎麼拆開，我們的想法與落差，也沒談到多少你需要的愛，我不再去執著我是誰，或是我在夜裡掉的淚。你說得沒錯，老師是我的靠山和傾訴對象，當時我沒說老師有強大氣場，讓人信賴，彷彿遇到什麼問題只要和他說就能解決。雖然我們靠得如此近，可是我的脆弱跟不自信，總是讓我沉默，你卻會在關鍵時候，去買光泉牛奶來給我，是的，沒錯，就是上面有小包麥片的牛奶。經過滴答滴滴答滴，時間淬鍊了光澤，自成一幅畫。在那幅最開始的畫裡，你是懂我寂寞的那個人。

我其實很簡單，只要看到喜歡的東西就開心，是能夠開心喝牛奶的人。
只有你看出了我的不自信。

《自畫像》裡，你說出了我的原色。我一直害怕自己不夠好，而時間也考驗著我，健康、聲音都在耗損中增添了新的顏色。過去的回憶雖然淡了，但感覺比過往更深刻。我入行的時候是張白紙，不管遇到什麼東西都想要去碰撞、吸收，沾滿指紋的筆盒，留下深淺不一的底色，未來越是不規

則，我越想把你的觸動都留在音樂裡，傳達出去。可是與此同時，傷害和誤解，成了生命成長中的一部分，我不再天真，是嗎？流言蜚語，黑的灰的混濁的，暈開了你心中的河，浪漫與寫實有了區隔，一眼看不盡你淚的折射。我這幾年來一直努力突破自己，在音樂上走在前面，可是在感情上，是孤獨的。

　　你說，我到現在還是個天真的人，但天真是雙面刃，會受傷。

　　你在自畫像裡面，要我放過自己，對自己好一點。

　　把你看著，一直看著，看著我成為那個想像中的人。

→ 林怡鳳說

　　我在《自畫像》裡總結了 20 年來對林俊傑的所有感受、祝福和肯定。我想告訴林俊傑，其實我看著他的時候，就感覺像是去博物館看畫像。很多藝術家的自畫像，畫的都是自己不完美的一部分，梵谷的自畫像就是如此。林俊傑在演藝路上或許還是會有很多不自信的部分，可能也會懷疑自己，甚至他內心灰暗的部分也會跑出來阻擋他，但我始終相信他可以戰勝一切。事實是，林俊傑確實沒有被打敗，因此，我想告訴他，不論現在的林俊傑是否覺得自己已經足夠好，但在我眼中的林俊傑已經接近完美，很棒了。希望接下來他對自己好一點，放鬆地過自己的生活，祝福他找到真愛，更希望他接下來的每個階段都走得很踏實，心態上也要穩定。

→ 毛毛說

　　現在的林俊傑已經足夠成熟，可以判斷到底什麼才是自己想要的。
　　我對林俊傑唯一的擔憂是，他直到現在都還是一個天真的人。他的天真、單純和衝動確實可以支撐他一直創造出好作品，可天真往往是雙面刃，我

也會擔心他因此受傷。幸運的是，林俊傑目前碰到的朋友和工作人員都很善良，因此我也希望林俊傑可以利用自己的天真和單純，找到一個懂他、愛他、能幫助他、給他正能量的人陪在他的身邊。我也希望他可以一直保持純真、保持熱情、保持專業，一直是我最初認識的那個會說出「無論何時，都拜託一定要和我說實話」的林俊傑。

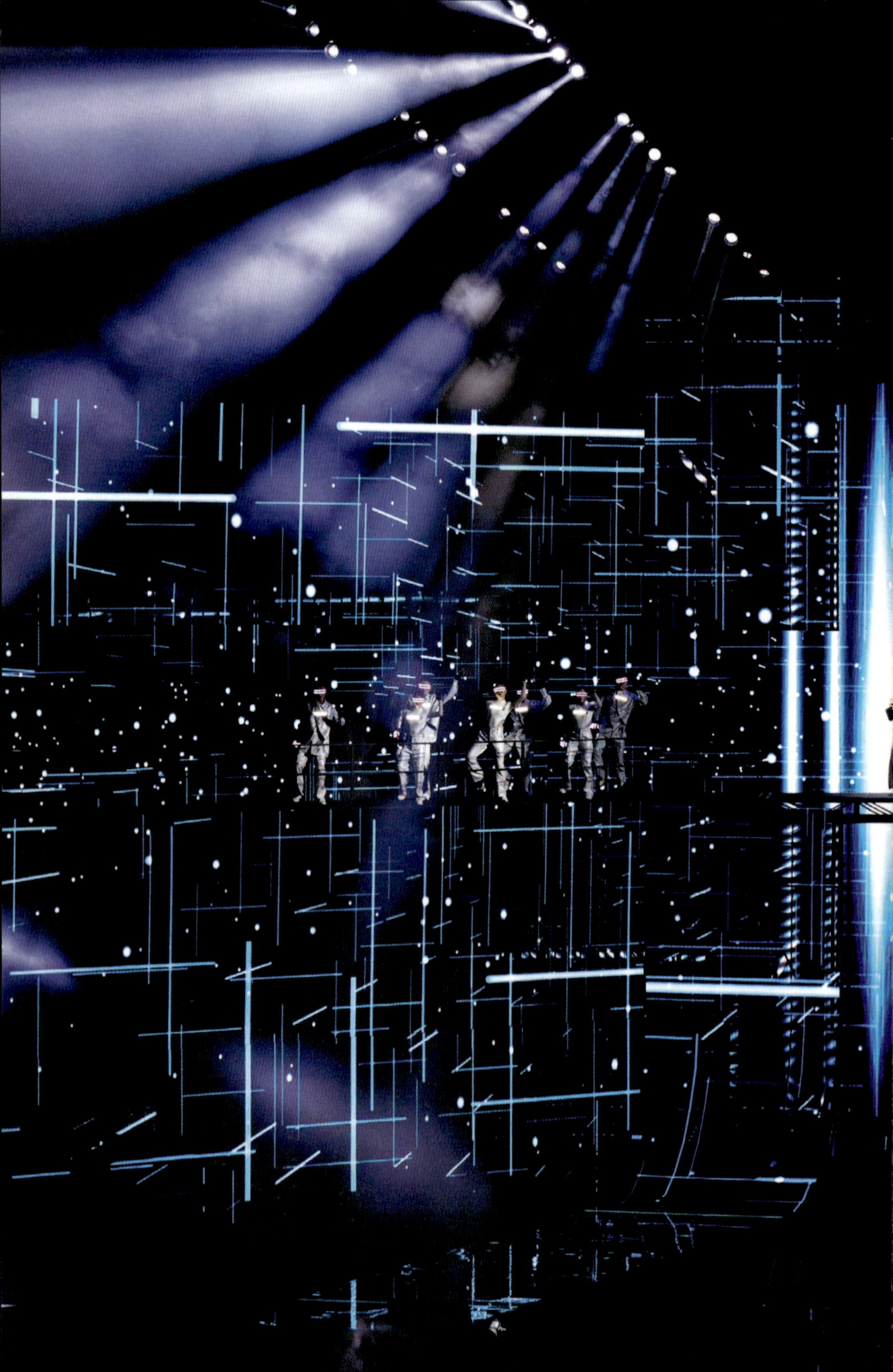

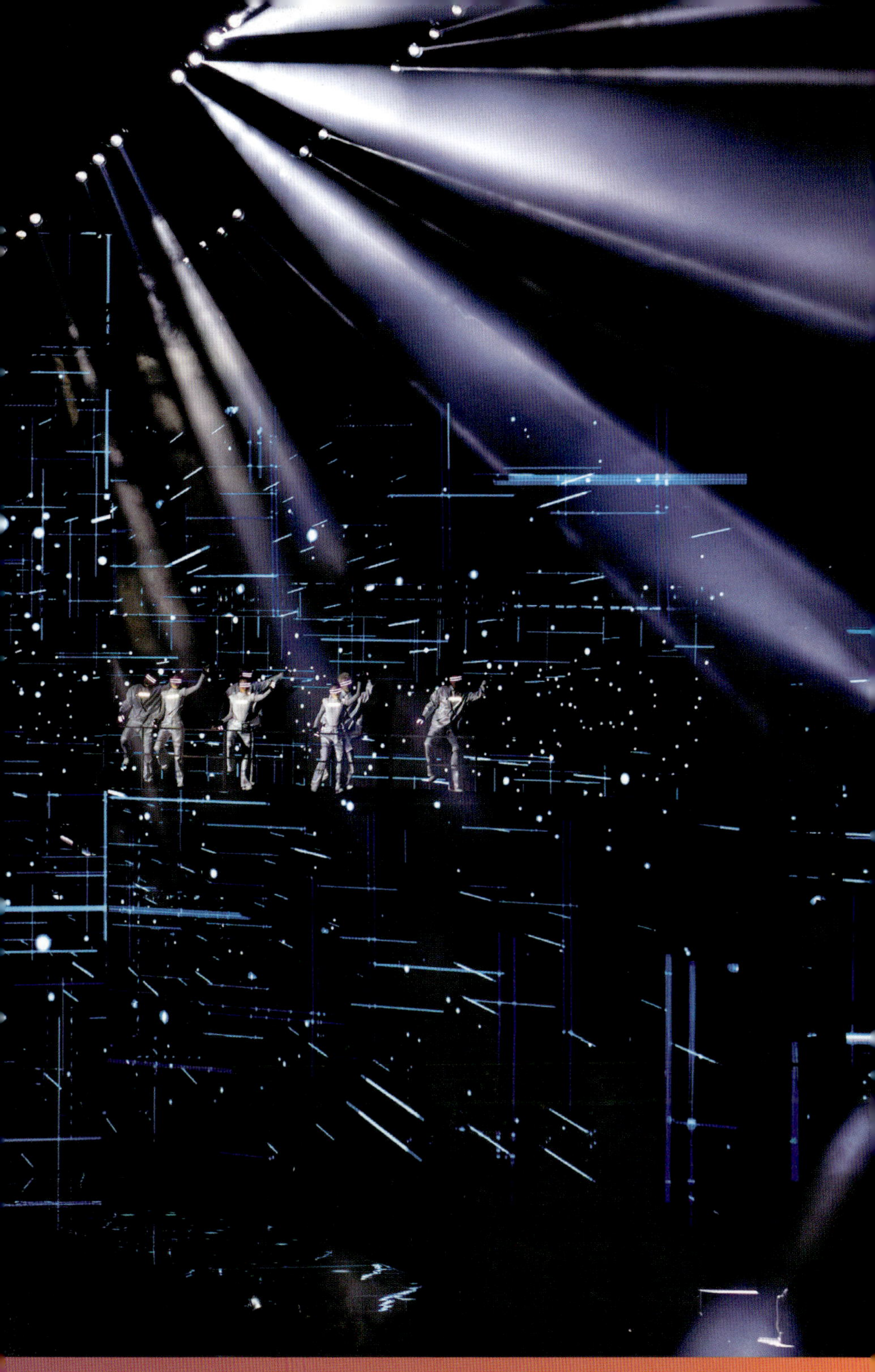

Road to JJ20 →

Act Two

第二幕

啟蒙，第二個十年

試 煉 之 路

盟 友 與 敵 人

Search

Road of Trials, Friend or Foe: The Search

Do You Want to Go for a Drive?
你要不要出來坐跑車？

他晚上傳訊息給我，說看到我的車停在電影院外，還用手機傳了張卽時車照給我，這可不是第一次。我想，看完電影之後，應該約他出來喝咖啡，告白一下。

我內心掙扎了很久。看電影的時候，心不在焉，作爲一個音樂人我通常會等處理完配樂字卡才離席，但那

晚就是坐不住。心裡盤算著，等一下該怎麼做比較好？買鮮花配巧克力太俗氣，我們也很少在線上談心，旁敲側擊了解星座血型，一言一行，想起來就睡不著。我知道他是有家室的人，這麼晚了，九點多還打電話去家裡，肯定會給他造成困擾。但我的個性就是不說清楚不行，忍的時間夠久了，都能寫出一首曲。我邊看電影邊在心裡沙盤推演，就像《教父》裡演的一樣，需要給他一個無法拒絕我的理由。想到這我還不禁有點得意，這就是多看電影的好處，碰到麻煩的事，總有可借鑒的妙招。我開車到他家樓下打他電話，是他接的，我問：「你想不想坐跑車？」

就這樣，他上了車，從此就是我的人了。

誰呢？

他就是我們 JFJ Productions 的音樂扛霸子，總經理黃冠龍先生。

每次講到這段，都被說我這不是去招人，誰半夜會傳訊息邀人喝咖啡開跑車，這多少會讓人誤解吧？

愛有什麼預兆，老師沒有教。找一個能夠共事的夥伴，更難。

有時，就一個簡單的念頭，不喝杯咖啡找藉口出來繞個圈，我還真說不出口。

太濃了吧 否則怎會苦得說不出話

每次都一個人 在自問自答 我們的愛到底還在嗎

——《咖啡》

記得我一開始有念頭說要做 JFJ Productions 時,我跟經紀人說了想法,卻換來了 Yvonne 的白眼。「你會累死。一個人沒有辦法承擔,你如果要這樣子,你不可能一個人做!」她一句話讓我瞬間清醒,當時從剪接、製作、編曲,甚至聯絡音樂人等工作幾乎都是親力親為,即便帶了助理,我也是手把手教導。我個性謹慎,凡事留退路,總是有 B 計畫。如果今天助理做不好,我隨時可以全盤接手,很難相信是吧?一個人打天下。

歷經 20 年的大風大浪,不得已將我鍛鍊成全能的人,誰能比我更在乎細節?這些細節都是從無數次失敗中累積起來,一點一滴刻在我的細胞裡,就像傷痕一樣。不求人,凡事求自己。

但凡我有一個新的念頭,從前端創意、製作,到發表全包都參與其中,甚至嘗試新科技與音樂企劃概念等,全部一個人做,肯定是分身乏術的。

在這樣關鍵的判斷點,只有經紀人 Yvonne 能夠看破我的盲點。Yvonne 是個優秀的執行者,她在看待事情的時候會先思考執行的步驟和會遇到的問題,她對危險的嗅覺是敏銳的。我則是往往先看到可能性跟願景,做最樂觀的白日

夢。因此我們兩人的性格可以說是互補，如果我們兩人能達成一致，事情就能成功。

所以，如果我想要打造 JFJ Productions，就需要有自己的團隊，需要有可以信任的、有能力的人在自己的身邊，桃園結義打天下至少還有 3 個人，那麼後面征戰天下時，又得招募多少兵馬？我的常山趙子龍在哪裡？

黃冠龍，龍哥，就這樣直覺湧上心頭。

神奇的是，他對我來說，在音樂的歷程上並不是新人。

10 餘年前，我們早已經結下緣分。仔細想想，現在團隊多數的核心夥伴，我們早在音樂路上的起點就曾擦身而過，只是等待成熟的緣分到來。

20 年前我剛出道時，龍哥是六甲樂團成員，我們經常在校園演出的後臺碰面，但只能算是點頭之交。他走搖滾路線，而我則被唱片公司打造成抒情歌手，兩人風格差異甚遠。2012 年，我準備發行在華納的第一張專輯，我的現場演出是龍哥擔任樂團吉他手，搭配他的吉他聲線，我的歌聲似乎也更有能量。那時我們才有機會開始交流，發現我們的興趣愛好很相似，電影、跑車、遊戲，還有信仰。更巧的是，我常去龍哥家附近看電影，而他總是會在路邊巧遇我的車，拍了照就傳給我。他知道我常常一個人，作為朋友，他認為拍照是一種關心與默契，也是一種下了舞臺之後的對話形式。

今夜 有緣才能相聚

看過太多好壞 這一路走來

獨舞 荒蕪中無盡吶喊 啊

——《獨舞》

在進行《和自己對話》專輯錄音時,我們嘗試了很多實驗性的手法,製作部還去宜蘭用假人頭錄《獨舞》。或許我們這音樂路一路走來,都有共同的感觸,做音樂的寂寞,對旁人很難述說。那天我們聊了很多。他跟我聊起自己人生的迷茫,那時他的太太剛懷孕,而他在前公司已經工作了很久,遇到瓶頸,不知道未來要往哪走。我能明白音樂人這種渴望有所改變的心情,《和自己對話》又何嘗不是這樣的渴望?半年後,當我有了 JFJ Productions 的念頭時,或許是相同信仰的指引,相同的心境,我就想到了龍哥。

當晚九點,我傳了簡訊給龍哥,約他出門喝咖啡,談擴張做製作公司的事情,我們聊了很久,很開心。我開車載著龍哥,心裡隆隆作響,奔往新世界的引擎啟動了,我興奮不已。坦白說,提出邀約之後,我心裡的英雄旅程好像才有了真正的開始,這旅程要先組團找人,才能上路打怪,這是喜愛玩遊戲的我早就應該想通的道理。但過去是我加入遊戲,別人幫我組隊,而現在,我的聖所,我的 JFJ 團隊,誰來加入,誰能幫得上我,我得深思熟慮。

龍哥會寫歌、編曲,是非常優秀的音樂製作人,也當過

↑ 「和自己對話」
實驗專輯 3D 假人頭錄音。

Road to JJ20

臺前藝人，了解藝人的心情與工作上的關鍵，而且作為專業吉他手的能力在我之上，說他是個吉他魔術師也不為過。

能力之外，我更相信的是直覺，或者更準確地說，是信仰。

同為音樂人，可以感受到對方的調性，彈奏音樂與品味是騙不了人的。日復一日地搭檔演出，可以看見人最好跟最差的一面。他加入我的演出樂團後，第一個合作是《學不會》專輯裡的《Prologue》。這首歌的歌曲開場便是一段吉他手獨奏，我可以感覺到龍哥壓力很大，但他的表演就是值得信任，而結果，是超乎期待的。

我們剛開始一起合作《天生是優我》和《消除聯萌》的節目時，需要很多嘗試跟配合，我的要求又多，我追求每一個音軌、每一個聲音、每一個細節都是完美的。每次彩排，每個 Demo，就是成品。對於夥伴來說，這壓力是大的，但這也是成立 JFJ Productions 想要追求的。龍哥能明白，他所彈奏的吉他聲線，就是成品。有一次，我收到邀約要翻唱《輸了你，贏了世界又如何》，我希望編曲聽起來氣勢磅礴，有新的詮釋。他埋頭苦編，試了很多我沒想過的元素。果然歌曲變得更有張力，而最終呈現的結果就是觀看數量破億。對我們兩個人的合作來說，增加了雙方的自信，我可以放手讓

合作夥伴展開羽翼,彼此間多了力量,感覺我們的整體能量都在向上提升,我也開始相信,這會是個比我一個人獨自拚搏要更好的事。

找到好的夥伴,是我創作音樂之外,很重要的課題。

幸好我在長久的音樂之路上培養出一些直覺,當它在夥伴與團隊之中發揮時,我就可以用來感受並觀

↓ 與龍哥一家人合照

Road to JJ20

察身邊人的狀態，建立彼此的工作默契。音樂不僅是音樂，也是判斷合作夥伴的重要標準，我可以從演出細節或玩音樂的細節來認識一個人。

一起喝咖啡，吃早餐，都可以。

或許有一天，你也會接到我的簡訊——要不要來喝杯咖啡呢？

也許我們在音樂上共同合作的緣分，便是從一杯咖啡開始。

→ 龍哥說

對林俊傑出道前 10 年的印象是，他是個有很多熱門金曲的男歌手。因爲自己喜歡搖滾，對林俊傑的印象就是唱抒情歌很厲害的男歌手。10 年後，我加入林俊傑團隊彈吉他，細細品嘗 JJ 的音樂，發現他的音樂真的很好，JJ 會爲了追求更好的音樂，付出外人無法察覺的許多努力。

在 JFJ Productions 工作和過去工作最大的差別是預算。過去我的工作是精打細算，在有限的預算內達成最好的成果，但通常 JJ 追求的是完美的成果，他並不是沒有考量到預算，而是爲了有最好的音樂成果，即使超出預算，也會優先考慮音樂的完成度。一起工作的這些年，JJ 一直在精進自己。這條路上有很多高手，作爲夥伴就得要跟上腳步。除此之外，JJ 很念舊，即使遇到更厲害或者不一樣的音樂人，他始終會帶著我們這群對他來說重要的人一起繼續往前走，這是現在世道難得的價值觀，也是一種信念，對夥伴的信念。或許正是這樣對人的關心與關懷，JJ 的創作始終保持著溫暖。

有一次和 JJ 趕案子，凌晨四五點了，東西還沒做好，而 JJ 需要等待我的編曲完成後，才能唱好 Demo 交給節目組，他隔天一早還有另一個工

作安排。他沒有催促,而是耐心地等待。音樂完成後,我將作品交給 JJ,他在早上七八點就已經唱好並寄給節目組。可見他幾乎整晚沒睡,一直在等。其實他可以請節目組再稍等一下,但他沒有。

　　身邊做音樂的朋友一聊起 JJ,大家都心服口服。因為 JJ 雖然要求很高,但他總是以身作則,以最嚴謹、嚴格的態度對待工作。此外,JJ 在工作上的溝通非常有效率,只用專業術語溝通,因此身邊的人與他工作起來都清楚該往哪個方向努力。面對這樣的 JJ,大家都是打從心底尊敬他。

The Playlist
列一份誰的歌單

臺北 開始 ｜ 19:13
— Opening —

記得　木乃伊　美人魚　茉莉雨　醉赤壁　關鍵詞

　　我一邊排著「JJ20 世界巡迴演唱會」臺北場的歌單，一邊想著，要從哪裡開始對他們說話？該說些什麼？他們，還記得什麼？記得最早的那首歌嗎？《記得》、《木乃伊》、《美

人魚》、《茉莉雨》、《醉赤壁》、《關鍵詞》，好好愛自己，就有人會愛你，這樂觀的說詞，就這樣開始。心裡念著歌單，心底的音樂旋律就響起，千頭萬緒，而我是誰的關鍵詞？

日常生活中，我常在思考和自我反省的過程中找到想要表達的概念，這是創作的一個環節，但遺憾的是，我從來沒有在公開場合分享過屬於我自己的關鍵詞。在說出口之前，我總會擔心說的話是不是合適？會不會聽起來像在說教？或是給人高高在上的錯覺？這都不是我真正的用意，但不說，又常常引來誤解。

想到這些，我又沉默了，音樂旋律在腦海中卻沒停。

我繼續排著歌單，先把那些每個人心底的話都說出口吧，戀人絮語，我把我的感受都藏在歌詞裡，在落葉的位置，譜出一首詩，《豆漿油條》、《小酒窩》、《像我的我》、《那些你很冒險的夢》、《因你而在》，一首首排列下去，哼唱著，感受跟每個人的對話是否流暢，燈光，樂手組合，舞臺效果，想像著我們在演唱會唱到這裡時，彼此之間心境同步了，理解了，是這樣的吧？

跟著前奏，我們都來到了《新地球》，這一次重新編曲，而我好像又想起了什麼。那些我們彼此之間沒辦法輕易溝通

的事,三餐奔跑,藍色荒漠,紐約哀愁,還是不免感傷了起來。

對我來說,藝人更像是一面反射現代人生活狀態的鏡子。

當我們觸及內在誠實的那一面,即使視線對望,距離也變得遠了。

我忍不住就想看看我們彼此之間的不同之處所得出不一樣的答案或結果,就是不對嗎?黑與白,是與非,無法妥協,也沒有其他選項。

想到這裡我不禁笑了,現在的人都是正義魔人,對吧?

大家都太習慣批判別人和這個社會,自詡為正義使者,在每件事上都想發表自己的看法,決定事情的對錯。而我作為公眾人物,就經常會被當成批判的對象,包括我怎麼生活、我怎麼工作、我的價值觀、我的所有,都是時刻被大眾監督檢視的。當我停下來回頭看,會發現我一直以來在做的音樂、我遇到的事以及我的狀態,似乎都不是在反映我自己,而是這個社會給予我的。

就像我嘗試在替臺北場的演唱會列歌單時,這是一份大家想要的願望清單,也是歌迷們來到這演唱

→ 2015年10月《時線新地球》成都站。

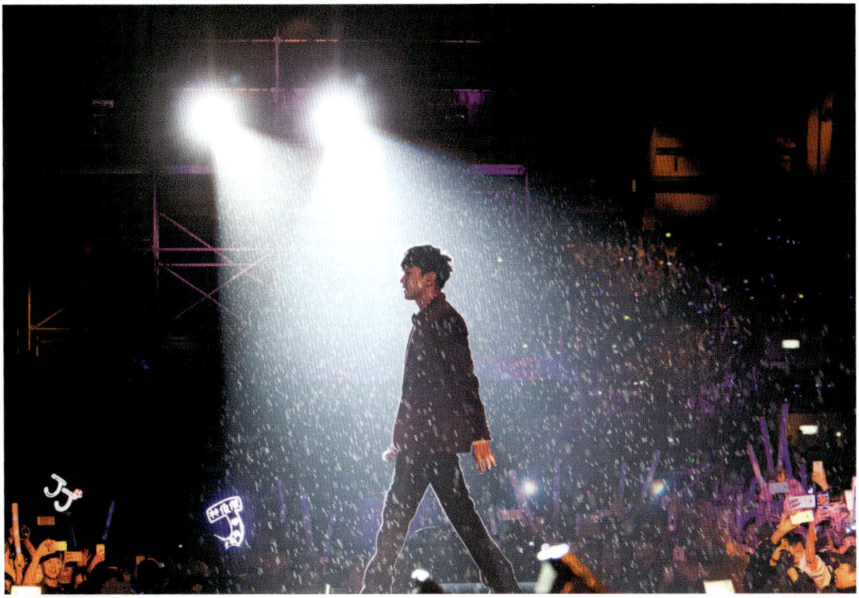
JJ

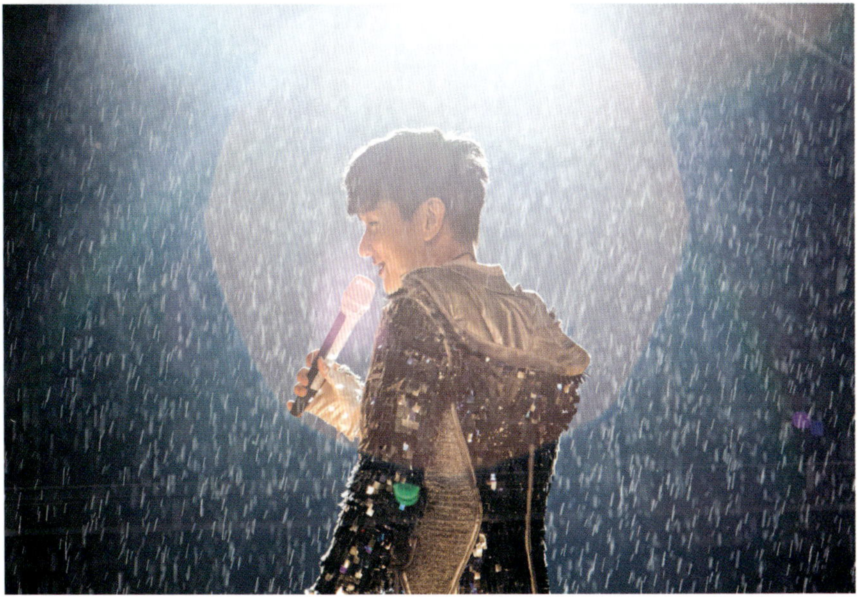

↑ 《偉大的渺小》MV。

會裡,想說的,想表達的,不論是憤怒、感傷、快樂、孤單、委屈、害怕、脆弱,都能透過我唱出來,《子彈列車》、《Wonderland》、《不存在的情人》、《不死之身》,用力呼吸的溫柔,為你再造一個新宇宙,在這有限時間的一夜 20:23,我們許諾,交換餘生。

演唱會上的我,毫無保留,想召喚最神奇的魔法,透過音樂讓所有願望都實現,這願望屬於每一個在臺下跟我一起共度這段時光的人。

我是一面鏡子,在歌曲裡面看到的不是我,是每一個你們。

不僅是演唱會,社群媒體也一樣,甚至換個對象,演唱會嘉賓邀請哪一位重量級的藝人來也是一樣。

我們一起唱歌,《說好不哭》、《倖存者》、《修煉愛情》、《江南》、《將故事寫成我們》。

滿足了願望,但還是沒有辦法讓每個人都開心,他們想像著這份可以無限羅列下去的歌單上,還有哪些沒有完成的願望,或者誰還沒有到場?

我的心裡還是有話沒說完,憤怒與委屈還是無從宣洩,不知不覺又唱了一小時,故事來到尾聲,但有些人還是沒有得到期待的獎賞,如神話裡的金羊毛,可能散場後,回到了家,還是永遠無法滿足。

原諒我再選上這一首《不為誰而作的歌》,總有一刻,我們都應該是誠實的,問問他,我是誰?

很多人都沒有意識到這事實，尤其是那些在網上任由情緒宣洩的人。他們沒有意識到自己留言的內容反映的就是他們真實的樣子，社群媒體只是一個平臺，讓所有人把自己的狀態展現出來。他們在網路上留下的，不僅僅是留言，更是當下內心狀態的證據，是屬於他們的關鍵詞。

這些留言的背後都是每個人自我的印章，代表著他們的價值觀和足跡。

我常常會想，這或許就是所謂藝人的定位吧？

既然我身為藝人，那我的功能或許就是要給予大眾一個可以一起聊天的話題和理由，協助他們在聊天的過程中將自己的想法、個性、狀態都呈現在網路上。

換句話說，藝人似乎就是很多普通人的精神支柱。無論是好的，或是不好的，我所需要承擔的是大眾心中好與不好的所有後果。出道這麼多年，難免會有壓力大、想放棄的時候。無數個深夜裡，我都會問自己，這是何必呢？但我說服自己，身為藝人，就必須承擔責任。當我有能力成為別人的精神支柱時，有的人會向我看齊，把我當成前進的動力；有的人會將我當成可傾訴的對象，與我分享他日常生活中的寂寞、孤獨、委屈。我必須要成為那一面鏡子，即使我也有我的寂寞、孤獨與委屈。

當然，網路上也存在另外一群人，他們會攻擊、批評我。仔細思考，對這群人而言，我也算是他們的精神支柱，

他們需要藉由這種方式進行精神上的宣洩。這或許就是我作為藝人，存在於這個世界上的價值、角色和功能之一。每次想到這裡，回想多年來的一切，我的不解釋，我出於信念與價值的沉默，就不至於覺得太委屈。

這一切看似與我毫無關係，但仔細想來，卻又似乎處處與我有關。

當我在舞臺上表演、唱歌的時候，臺下的聽眾其實也是陌生人，只有在這短短三四個小時裡面，我們因為音樂彼此間有了交集。當我用這樣的角度去看大家時，我們就成了一家人。

人們或許都是一樣的，他們需要精神支柱，我也需要精神支柱來給予我前行的動力。雖然我不一定有機會真正去認識許多歌迷朋友，但在這樣的過程中，透過音樂讓他們看到我的成長，也會讓我的精神得到歸屬，不是嗎？安可，安可，一聲聲如浪潮般襲來，經過了這麼長的對話，還沒說完，是吧？我明白，我們都在這擁擠喧囂裡取得了平靜，一個人偶爾就是需要肩靠肩的力量才會覺得不孤單，所以我們都來到了演唱會，3小時，40首歌，讓我們在延長的時間裡，再一次確定，彼此之間的依靠，歌迷與歌手之間，歌單與願望，都是偉大而渺小的，不是嗎？

天空下著綿綿細雨，心卻是熱的。在歌單裡，我們聽著，唱著，看著，一起度過這一晚，明天又可以重新開始。

其實我想要 一種美夢睡不著 一種心臟的狂跳

瓦解界線不被撂倒 奔跑 依靠

我心中最想要 看你看過的浪潮 陪你放肆的年少

從你眼神能找到 解藥

宇宙一絲一毫 偉大並非湊巧

我握的手握好 我 或許很渺小

那之前我要 抱你在逆流人潮 懂你每個淚和笑

從你故事中找到 美妙 努力不會徒勞

愛並非湊巧 我們握的手握好

我們就算很渺小 也絕不逃

握的手握好 我有多渺小

也做得到

──《偉大的渺小》

22:12

— The End —

Road to JJ20

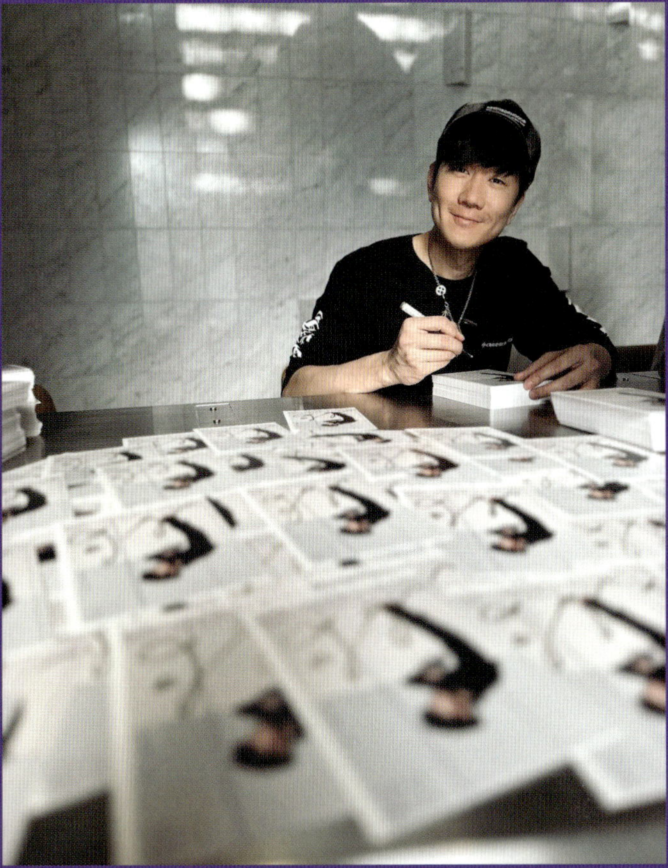

Starting from 「Remember」: JJ20
從記得開始 JJ20

誰還記得，是誰先說，永遠地愛我。

「JJ20 世界巡迴演唱會」，必須先從《記得》開始，我也永遠記得，當我第一次聽到自己的曲，在演唱會上透過張惠妹溫柔的嗓音唱出時，我心裡的感動。我還記得，是我先說，不管走到最後還要多久，我都別忘了這份能感動人的創作初衷。

在演唱會北京站的鳥巢體育場的彩排結束後，我繞著體育場跑了一圈，一方面是一時玩心大起，另一方面我是真的想去感受這個場地的大小。跑之前我一直在舞臺下，聽著彩排的音軌和音控老師來回調整頻率、EQ 和做 mixing。這次演唱會的音響老師是第一次合作，我需要一點時間來和他們彼此磨合，確保呈現出的演出是完美的。同時我也知道，我只能透過聽重播的方式調整，因為我沒辦法讓別人去幫我唱，如果不坐在臺下聽，我就無法真的感受我的音樂，因此這是難得的機會。

調整完之後，我準備下去休息，但後來又覺得，來都來了，乾脆跑一跑吧。

2008 年的北京奧運會聖火傳遞，奧運冠軍劉翔是奧運聖火中國境內傳遞的第 1 棒，而我擔任第 149 棒火炬手。我將火炬傳給周超，最後火炬傳到體操王子李寧手上。開幕儀式上，李寧拿著火炬，繞著鳥巢跑了一圈。那是我對鳥巢體育場最深刻的印象，對我來說，鳥巢體育場象徵了偉大和驕傲。

「JJ20 世界巡迴演唱會」，對我而言是非常接近理想狀態的演唱會。它和過往不太一樣，過去的我更注重演唱會的驚喜元素，我很在意演唱會的出場是否能給觀眾驚喜。「聖所」世界巡迴演唱會上，我選擇以倒吊的形式出場，以求驚豔觀眾，哪怕是從來沒聽過我歌曲的觀眾，也會為此驚嘆。

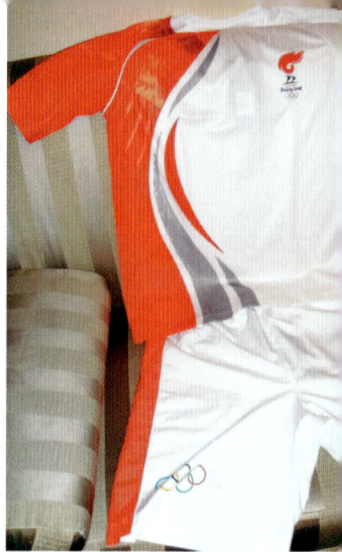

↑ 擔任奧運火炬手。　　　　　　　　　　↑ 我的奧運火炬手服裝。

這次演唱會，我並沒有追求一定要有類似的驚喜元素，我希望當演唱會結束後，大家記得的不再是絢麗的舞臺效果，而是我想傳達的概念。

「JJ20世界巡迴演唱會」要講的，就是我出道20年來的故事。「0」這個數字象徵著無限循環，也有重新開始的意味，而「20」這個數字象徵著思想、身體和精神之間的完美平衡。

因此，我想透過「JJ20世界巡迴演唱會」傳遞的是──只有我們在一起才會完整。

Road to JJ20

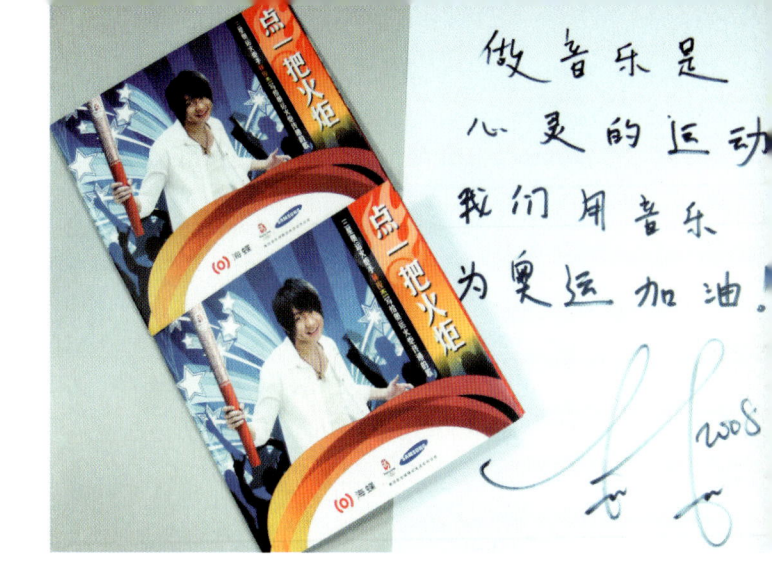

↑ 用音樂為奧運加油。

We have forgotten, what makes us strong.

　　在籌備演唱會的過程中，我不斷地問自己，為什麼要做演唱會？我還要做演唱會嗎？如果我要做，為什麼我必須要做演唱會？

　　到最後，我得到的答案是，這場演唱會是為了那些真正、真心陪伴著我的人而辦的，只有他們和我在一起的時候，這個演唱會才是完整且有意義的。

　　從這樣的角度出發，我需要用我最自然、最真誠的

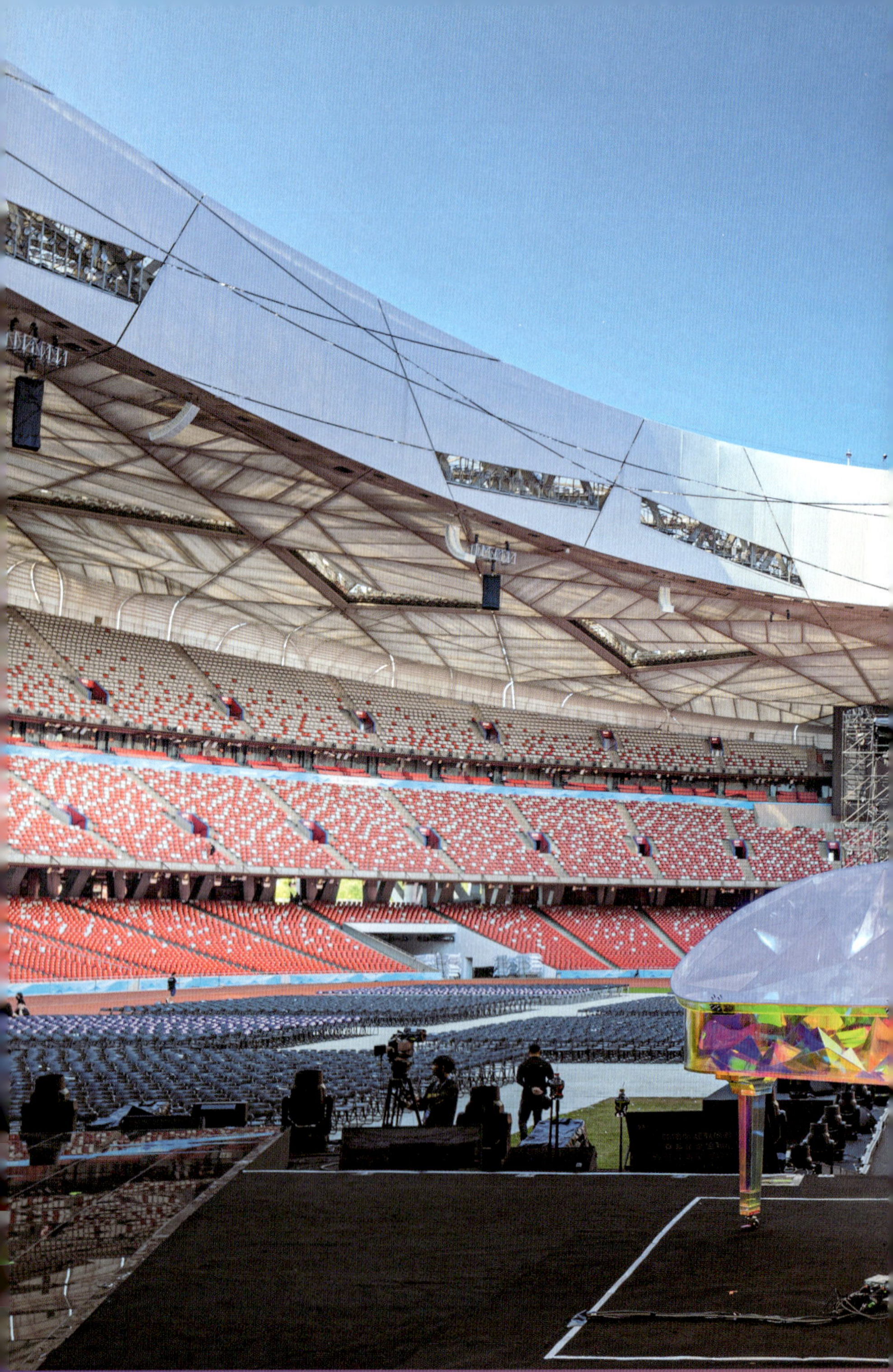

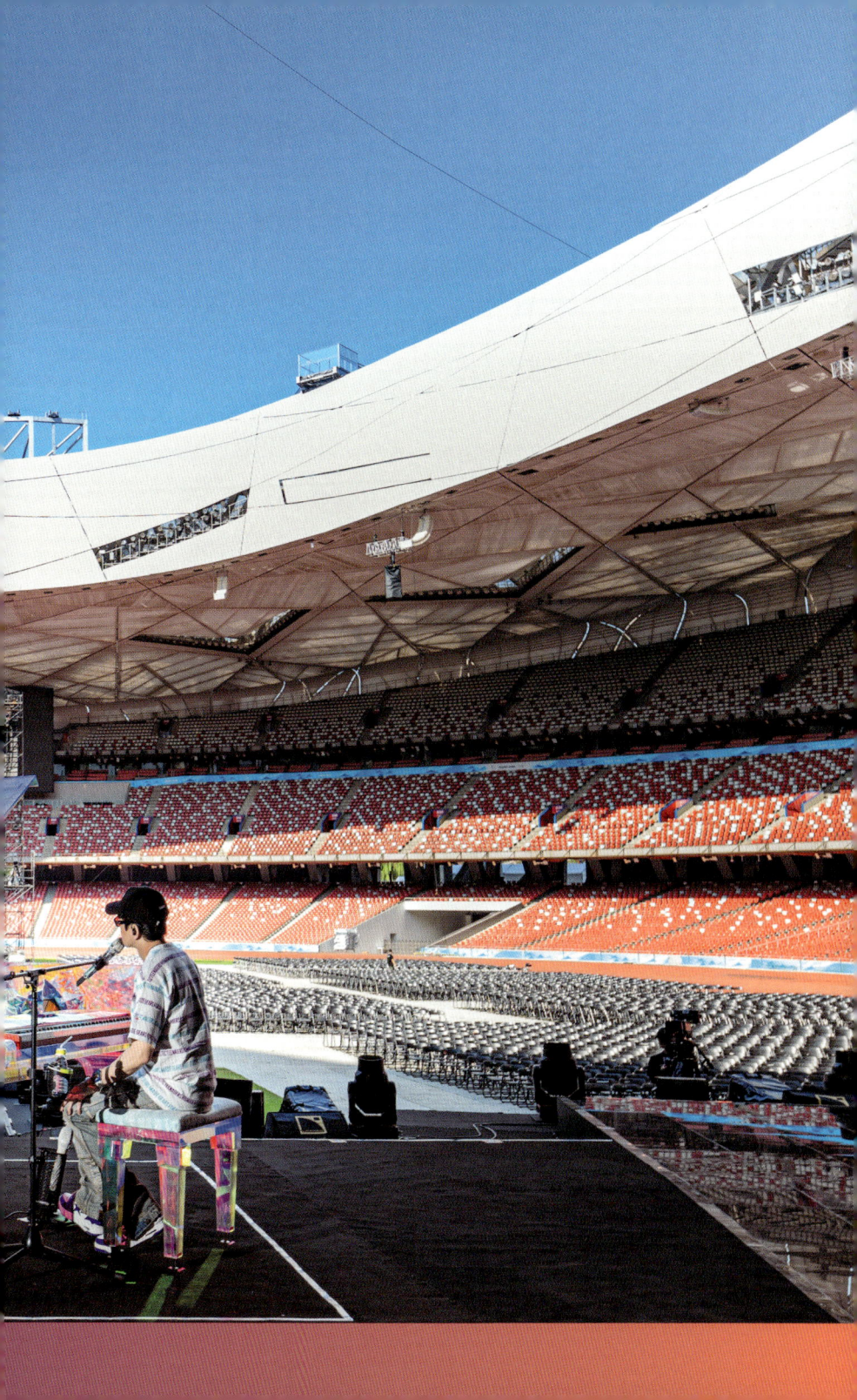

狀態，告訴觀眾這些事。這場演唱會成功與否，關鍵在於我和觀眾之間是否有完美狀態，而不是技術或舞臺是否絢麗。因此，我選擇從出道之前寫的第一首歌《記得》開始唱，這不只是演唱會的開場，這也是我演藝生涯的起點。

團隊了解我的想法後，意識到這場演唱會的難度係數會很高。

因為當我來主導這場演唱會時，我沒有任何理由降低標準，也無法說出類似「找不到這個人」「這樣做不到」的話。以往，華語歌手到歐美地區開演唱會，基本上只要能找到地方就會開唱。因為他們到歐美地區，最擔心的就是票房問題，擔心國外華人沒有這麼多。但這一次，我就明確指出我想要做一個「正式」的巡演，即便在歐美地區，也要在一個正式的演出場地。我希望歐美地區的觀眾、歌迷朋友看到的是完整的巡演規格，而不是降低標準後的巡演。

大家紛紛勸我放棄，我不應該去承擔這樣的風險。只要不選擇這麼大的場地，就可以維持自己演唱會門票秒殺的成績。

我說：「20週年我想好好做。如果你們覺得賣不動，或者體育館太大，我可以不去。我如果要去，就要去最好的體育館，如果賣得不好，我願意承受。就算只賣3成，我也會去唱，最後的結果和大家無關。」

大家聽完我的決定就依照我的想法一起做一次，試試

看。大家都知道，我想把華人音樂推向國際。對我來說，歌手最好的成績單就是演唱會。我想證明我的能力，也想讓世界上的人都看到 Mando-pop 也具備類似 K-pop 的潛力。我其實就是想賭一把，看看在大家的幫助下，我是否可以在自己出道 20 週年之際衝向國際，哪怕可能會失敗。

因此，此次的美國巡演，於我而言是史無前例的。這次去的地方多，場數多，位子也多，但票房紀錄並不是源自票價特別貴，而是得益於場子大、位子多，一切都是真正的實力。我跟團隊創造了很多新紀錄。

當中國巡演開始時，我強調是一樣的要求與標準，要把完整的演唱會搬到中國。對我而言，如果這城市或這場地無法滿足開演唱會的條件，寧願選擇不開。我想要的並不多，只是單純希望可以盡可能在各個地區都開演唱會。過往的演唱會都會選擇大城市，因為這是最保險，也是最方便的選項。但這一次，我關心的是，如果只在那些地區開演唱會，那其他地區的粉絲該怎麼辦？他們是不是每次都得飛幾個小時來看我的演唱會，而我就只是待在這裡不動？

確定自己想要的事之後，我願意承擔風險。我不再選擇相對安全、容易的方式，而是選擇自己真正想要的。這一改變讓工作量變得更大。這是我的成長，也是我這次希望交給歌迷的成績單。

對我來說，這次「JJ20 世界巡迴演唱會」是自北京場之

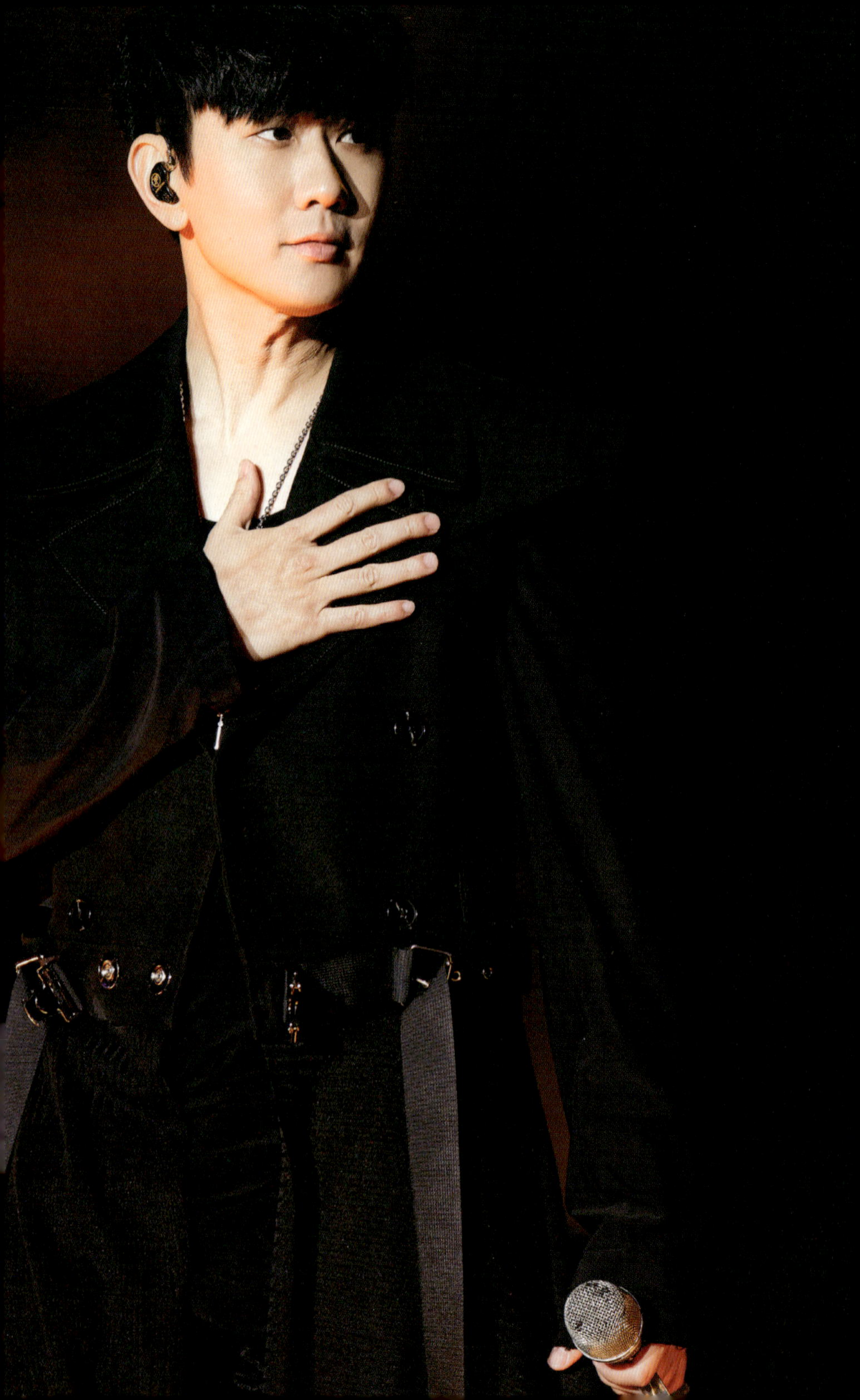

後,才眞正達到我心中希望的「JJ20」的模樣。

在這之前,我已經跑了很多場海外的演唱會,每一場都是獨一無二的,我們也創造了很多前所未有的,甚至可能無法複刻的互動,但總感覺像是少了一點什麼,那是難以解釋的一種情感連結。

當來到北京場時,我眞的被感動了。我可以確切地感受到,哪怕是在巨大的場地裡,哪怕我們相隔這麼遠,在根本不可能觸碰到彼此的狀態下,我能感受到他們對於互動的渴望,讓我清楚知道,在那個當下,我們是在一起的。當影片說到「You complete me」的時候,場內出現的人潮,就已經是「JJ20」最好的見證,也就是我想表達的一切。很多人問我為什麼會在北京場露腹肌,因為我被觀眾的情緒打動了,一時興起,我感到安全、放鬆,我們可以一起玩,就像朋友一樣。

會來看演唱會的人有很多種,和我一起長大的歌迷,第一次來看我的,不認識我單純來湊熱鬧的,甚至也有一些不喜歡我、想攻擊我的人,他們可能都在現場。但不論他們抱著什麼樣的心態,對我來說,來了就是來了,我都歡迎。因為我始終相信,我的音樂可以感動來的人,哪怕他們不喜歡我,不喜歡我的歌,但只要身處現場,音樂就可以觸及靈魂。

我始終相信音樂有種神聖的力量,它會在冥冥之中

牽引我們，讓我們彼此的靈魂共振，讓我們在一起。

當我繞著鳥巢體育場跑了一圈，用音樂在這裡跑了一圈，好像隱隱約約覺得是一種延續，我看著觀眾席上的你們感慨萬千，即使過了這麼久，20 年，我們都記得彼此，謝謝你們的溫柔，我們用歌聲手牽手，說好了，一起走向下個 10 年，要一直走到最後。

謝謝你們一直都在，我會記得，永遠愛你們。

↓ 40歲生日派對。

Road to JJ20

Live Duet with the Secret Guests
給 不 具 名 嘉 賓 的 LIVE 對 唱

「JJ20 世界巡迴演唱會」的北京場，我邀請了 3 位歌手擔任演唱會嘉賓。

第一位是鄧紫棋，我們上次合作應該是 10 年前，但仍感覺十分親近，是有你我都在的默契。第二位是獨具特色，幾乎無人可以取代的新生代歌手周深，他的聲

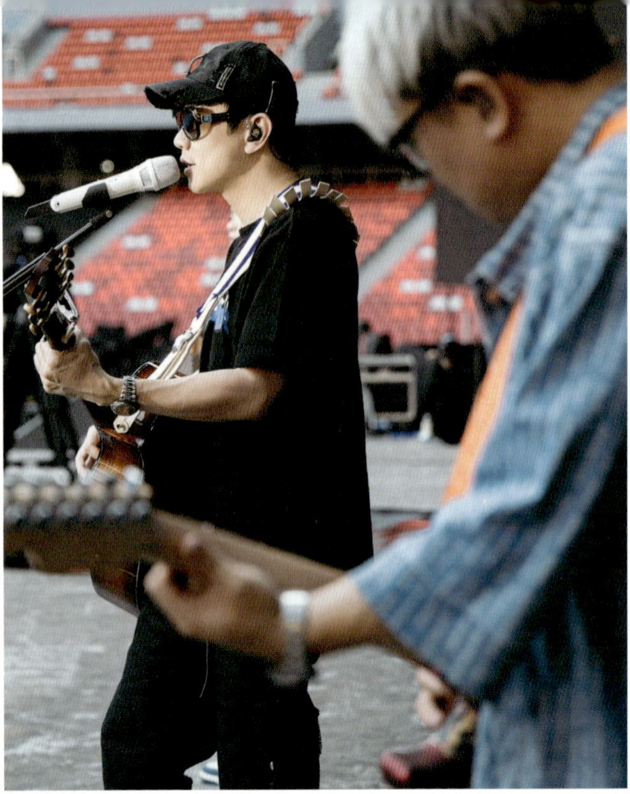

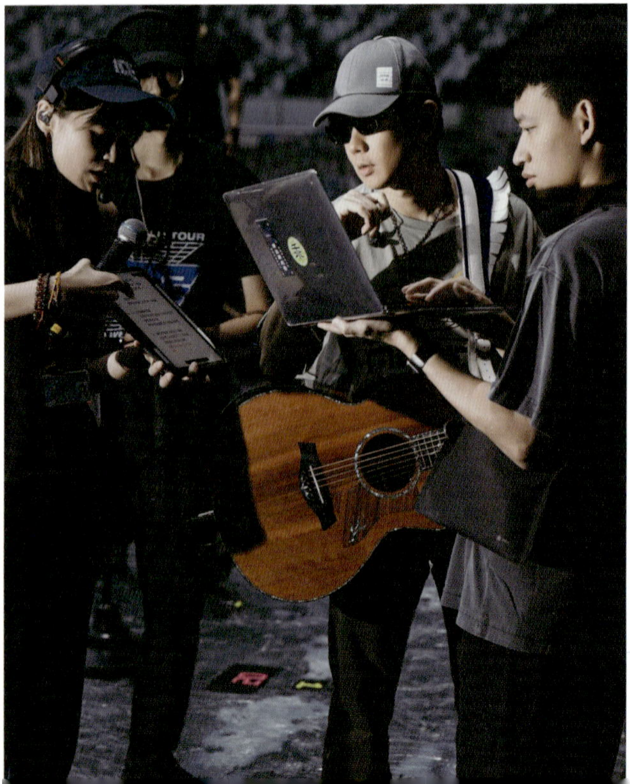
TOUR

線非常奇特，甚至讓我想起了張信哲。周深出道時間或許不長，但我在他身上看到了無窮的潛力。第三位是前輩韓紅，我們認識快 20 年，她就像是我的姐姐、我的家人，也是我非常敬佩的一名藝人，她一直給予我許多鼓勵。這 3 名歌手的共同點是，在過去 20 年的演藝生涯中，我幾乎沒有和他們同臺演唱，在北京場演唱會上的合唱歌曲都是首次同臺演唱。

我們合唱的歌，像是和鄧紫棋合唱的《手心的薔薇》，和周深合唱的《裹著心的光》、《大魚》，或是和韓紅合唱的《飛雲之下》，對我來說都是熟悉的歌曲，可是在 LIVE 演出的形式下唱出這些歌，感受卻完全不同。

熟悉這些要唱的歌曲是最基本的功課。但我一直認為，唱歌可以熟悉，但不能熟練。

我需要釋放一些空間，允許驚喜和意外在舞臺上自然發生，因為這就是 LIVE 演出的精髓。在熟悉和熟練之間，最難拿捏的就是，到底要準備到什麼程度才算是完美？

尤其我還是一個很容易忘詞的人。

我認為 LIVE 演出最好的狀態，永遠是第一次正式演出。

因此，我一般在彩排時都不會刻意追求完美。

我當然還是會將要表演的內容倒背如流，一樣會注重每一個細節。我會重新編曲完後錄一小段給自己聽，也給團隊聽，讓大家對於正式演出可以有點心理準備。但我也確實清

楚，正式演出的時候，一切一定會和我安排的不一樣。在舞臺上表演，是我的工作日常。

但實際上，表演一直是同時存在著緊張與放鬆兩種極端狀態的。

對像我這樣的表演者來說，無論在什麼樣的場合演出，我都得維持一樣的心境，透過歌曲表達想說的。我需要全然專注、沉浸在音樂裡，把自己完全交給音樂，讓它帶著我走。從這個角度來看，每場演出對我來說應該是一樣的，都需要完美無瑕。但有趣的點在於，LIVE 演出每一次都不會是一樣的。因為 LIVE 不僅關乎我個人、樂手、編曲和舞臺等，甚至包含天氣、溫度、場所和來聽歌的粉絲們，這其實都是演出的一部分，他們會讓我在每次進入音樂時的狀態有所不同，讓每次演出都成為獨一無二的演出。

成熟的表演者應該是像水一樣，要學會融入每一個表演的狀態中，成為它的一部分，與之融為一體，而不是和它硬碰硬，這樣才能承載這個舞臺。

例如，在一個小場地裡演出時，如果用很用力的方式表演，就會讓觀眾認為「我們沒有在一起，他只是單純地沉醉在他的世界裡」；相反地，當我去到像鳥巢體育場這樣大的表演場地時，如果我表現得太內斂，就無法給予觀眾足夠的能量。說起來似乎有點玄，但這也正是 LIVE 演出的魅力，包括演出的視覺效果、我的體態、我的聲音、我的眼神等，一同和觀眾達到共鳴，讓我們之間取得一種奇特的連結。

JJ20 巡演臺北站看到路牌指示,頑皮下車去引導觀眾入場。

該怎麼做?答案永遠在現場。

演出正式開始,當我置身其中時,演出本身會告訴我該怎麼做。

我會有不一樣的情緒,會有即興的轉音、發揮,甚至是歌手之間的眼神交流,這些都會給我不一樣的感受,讓這首歌、這場演出被賦予新的生命。

說來矛盾，一方面這是 LIVE 演出的魔力，但另一方面我也最討厭這種情緒最高昂的時刻。因為這種時候，我即使是看著提詞機也能把歌詞唱錯，但練習的時候哪怕不看著提詞機，也不曾發生。偏偏在臺上，只要情緒一上來，緊張、興奮的時候就是會唱錯。這也正說明了，我在臺上的時候，哪怕眼睛盯著提詞機，但實際上我並沒有在想歌詞，而是單純地沉浸在演出的狀態裡，甚至無法理性思考。某種程度上，歌詞在這種時刻可以算是一個干擾。當我過於注重歌詞時，它就會把我從這種狀態裡拉出來，逼迫我去思考這個字應該怎麼念、怎麼唱，以致讓我有點出神。比起英文，我在中文的運用上還是不夠自如，當我閱讀中文歌詞時，是最耗費心思的。但唱錯有沒有關係？如果情緒跟情感都能透過音樂傳達出去時，歌詞反而不是重點，因為音樂是整體性的，LIVE 也是整體性的。

這或許是所謂音樂最純粹的魅力。

我一直覺得，音樂是一件很奇妙的事，因為無論用什麼樣的方式解釋，都無法取代音樂給予人類在心靈上的感受。當然，我的優勢或許在於，我被賦予了對音樂的敏銳度，我懂音樂。所謂的懂，不僅是因為我學過樂理，單純停留在理論層面上的懂，更是那種能透過音樂和別人達成心靈相通的感覺。音樂人之所以會覺得彼此能互相了解，也正是仰賴於這種彼此間可以不用解釋，甚至無法解釋的狀態。而作為表演者，我的任務就是要讓現場的觀眾——無論他懂不懂音

樂,都能和我一樣感受到這個連結,然後被打動。我相信,人只要有心靈,只要願意把心打開,都是可以被一首歌曲、一個表演所打動的。

因此,我希望我的每一次舞臺表演都可以讓我和我的觀眾達到這種雙向奔赴的狀態,而不是因為我是歌手,所以他們就要來追隨我的形式。

我相信,只有雙向碰撞的火花才會真實而美麗。

我相信,在 LIVE 現場,每一首歌,都是我跟你的對唱,而每一個你,都是 LIVE 演唱會上不具名的嘉賓。

> 我學著一個人存在(I'm here)
> 關上燈比較不孤單(不讓你孤單)
> 你給的力量 讓我在夜裡安心入睡(別怕黑夜)
> 就算沒有人心疼我的淚(有個人心疼你的淚)
> 手心的薔薇 刺傷而不自覺
> 你值得被疼愛 你懂我的期待
> 絢爛後枯萎 經過幾個圓缺
> 有我在(有你在)喔
> ——《手心的薔薇》

獎　賞

Reward

Reward: Findings

Boss Has No Allowance
老闆沒有零用錢

我對吃很講究。尤其是早餐,我非常喜歡吃早餐。

我喜歡吃完早餐後迎接晨光的那種暖呼呼的感覺,從黑夜來到白天,昨夜紛擾的一切,透過手沖咖啡的儀式感,研磨機的聲音,發燙熱水的白霧,咖啡的香氣,加上烤吐司、煎蛋,生命好像在呼吸中被喚醒。這樣簡

單的安靜是幾乎可以聽到音樂的，不需要唱，也不需要樂器，就是生活本身，有節奏，有聲音，有顏色，有感受。

簡單的美好，豆漿油條，可以，可頌奶油，也行。

「JJ20 世界巡迴演唱會」開始前，我沉浸在這樣規律而悠閒的日子裡，好日子就像是手沖咖啡，需要時間來醞釀。巡迴開始以後，天亮時能好好吃一頓早餐都變得奢侈。既然是世界巡演，就有時差問題。我常常睡了 3 小時就得起床，身體的白天可能還在北半球的黑夜裡沉睡著，但視野裡的黑夜已經變成亮晃晃的逆光白。你問我在夢中找什麼？白色泛光中，有時也沒有線索，夢中未醒，各種紛擾不安或者未結束的情緒襲來，縱然能化作創作的養分，但好好睡覺才是最卑微的願望。

我不累，哈，才怪。

我是很少把「累」給說出口的，但心情上的沉重一直存在。

專注當下是輕鬆的。我喜歡把工作都做好，不只是唱歌，吃早餐，手沖咖啡都是，只是停下來想真正放鬆時，一想到未來，和一起工作的夥伴，就很難不去多想。身為藝術工作者，尤其是臨場表演，歌迷跟自己一樣，都是在日常中放下工作，用同樣的時間換取雙方在一起的短暫時光。對他們來說，3 個小時是珍貴的。全心全意是相互約定的承諾，

所以即使身體很累,我都不會把時差、失眠和感冒當作藉口,上了臺,就是要百分之百毫無保留地唱。

下了臺,就是下一個行程,有時想停下來好好吃頓飯都很困難。

對,沒錯,我是公司老闆,但在演唱會的工作環節裡,我是歌手,是藝人,多半時間都得聽別人的話。連吃頓飯,都沒有自主權。

到了一個新的地方,空氣都不一樣,我也很想嚐嚐不同的手沖咖啡、食物,想放鬆下來好好吃頓飯。

但現實中,我只要一出門,不管是哪個門,都有歌迷在等待。回到生活裡,我是個平凡人,有著平凡而單純的渴望,想要這份自在,對我來說並不容易。在巡迴

表演的日程裡，所有人都像是在校準良好的手錶裡生活，一分一秒都不能出錯，而我的出入也被安排在鎖鏈裡，隨時都是上緊發條，按照著規劃，滴滴答答地走著。我去哪兒，都會有工作人員跟著。大家會隨時追問我的動向，不放心我，連吃飯這樣一件小事，他們都認為我不可以外出，餐點應該點好送到飯店房間裡。

過去為了減少大家的麻煩，我都配合，但這次，我選擇叛逆。

我既然已經來到世界，想在陌生的領域裡找尋靈感，如果連吃點當地的美食都沒辦法做主，那我真的就只是換了個地方唱歌而已。

我意識到，這不僅僅只是對自己好一點，而是確實需要改變。不再只為了求安全，而把自己給限制住，這樣的日子我快要窒息了。

創作是需要一點點放縱的，可以不照規矩來。

這次的「JJ20 世界巡迴演唱會」從 11 月開始，到現在的 6 月，不是請別人幫忙買回飯店，就是出去吃。一到新的城市，我比團隊裡的任何人都積極地尋找咖啡廳、餐廳，丟到群組裡邀夥伴們一起去。剛開始他們都感到訝異，甚至開會討論，告訴我這樣做跟以前怎麼不一樣，可能會有什麼風險，跟敲定的時間安排有衝突，等等。不是要為難大家，而是我不一樣了。過去可能除了工作的需求之外，我很少開

口麻煩別人。因為這是私事，是自己的需求。但現在的我，經過了疫情，還有這許多年的成長與積累，我能更自然地面對自己的真實感受。除了音樂之外，我也需要跟人溝通，說出我自己的需求。大家可能沒想過，個性害羞的我，講起演唱會的細節要求，一絲不苟，但回到私事上，光是要把去吃飯、喝咖啡這樣簡單的事情說出口，還得讓每個與自己有關聯的人都明白，對我而言是一件不容易的事情。

　　我需要出去，走進這個世界，好好吃頓飯，喝杯咖啡。我需要。

　　這可能是我人生中小小登月行動的一大步。

　　不過，好笑的是，在演唱會期間，我出門用餐是沒有零用錢的。

　　這是什麼概念？

　　老闆沒有零用錢？

　　是的，在演唱會的工作團隊裡面，每一筆錢都需要被規劃與控制，每個工作人員外出用餐花費都有零用錢，但唯獨我沒有。

　　我是有吃飯預算，但僅限於在演唱會當地的住宿飯店內使用。為了額外的預算規劃，我特別去問了主辦方，為什麼我不能出去吃飯？主辦方表示，這是慣例啊，沒有藝人是在飯店外用餐的。

　　沒有零用錢，讓我想起小時候學校運動會，每個同學都

會在操場上的美祿車前排隊,等待一杯免費的冰美祿。排隊的過程中所燃起的焦慮感,讓我懷疑等輪到我時,會不會已經發完了。我並不是沒有錢買,但每個人都能拿免費的,那意義是不一樣的,意思是別人有的,我也應該會有。

多年之後,我自己的咖啡店裡也有冰美祿,或許多多少少反映了我這種小小的、屬於普通人的焦慮。

預算裡我的餐費比別人的都多,但我只能在飯店裡用。我能在房間裡點各種好吃的,菜單上任何我想吃的都可以點。但我不能出去,我不能任性地走出飯店,在街頭上晃晃,然後在街角的咖啡店點一杯我愛的手沖咖啡。

沒有藝人是在外面吃飯的,外出吃飯多麻煩,在飯店裡,一切都簡單。主辦方因此還跟我說明了飯店內有其他選項,但我的心思早就飄向遠方。

對,我在臺上唱《孤獨娛樂》,回到臺下跟誰講呢?

人是群居動物,對吧?渴望找到同類,想要被接納,想要和別人一樣,甚至連外星人也一樣,所以我們才要唱歌。下了舞臺,雖然我還是歌手身分,但內心渴望著自由的日子。20年了,我應該可以任性一點,對吧?

在雪梨,一個例行性失眠後的早晨,陽光看起來很溫暖。我在群組裡發了條訊息:「有沒有人想吃早餐?」按下發送鍵的那刻是有點忐忑。會有人想去嗎?這樣做對嗎?昨

天夜裡還在開會，該不會還在睡？不會都吃飽了吧？怎麼還沒有人回？我沒有耐心等待，換了衣服下樓，想說我一個人也可以，但也明白有點逞強，出了門之後的風險，跟闖關差不多。從發送到收到答覆前的不到 5 分鐘裡，我的腦海中閃過無數個念頭。好在，阿龍很快就回了我。

他說：「好。」

我把想去的餐廳地址發給他，那是我心心念念很久的餐廳，就在飯店附近，我早就查過了。他說，餐廳需要現場候位。我知道，我可以排隊。好久沒有排隊了，也許該寫一首關於排隊的歌。就這樣，我們走出了飯店，走在雪梨的街頭，天氣晴朗，心情舒暢。

在店門口排隊的時候，我就被認出來了，沒隔多久，社群媒體上就開始出現偶遇我的內容和照片，越來越多的人圍了上來。阿龍也開始替我想辦法，安排等一下撤退的動線等等，我想他同時也發了些訊息給同事們，以免有什麼其他想不到的問題。我猜，宣傳、企劃，還有網站小編大概也同步動起來了吧，有些人可能隔了半個地球也在替我操心著。我小小的任性一定也牽動了不少人。豆漿油條，想起好久以前的那段日子，當時的我要離開飯店吃豆漿油條，並不需要考慮太多，我有很多自己的時間，當時的很多煩惱跟害怕，20 年後都克服了，但不知不覺，似乎也失去了什麼。好好吃頓早餐這個願望，正是讓我想清楚，對我來說，什麼是重要的，我也需要一點點從這些儀式感的創造中，重新找回自

己的生活腳步。

雪梨站的巡迴演唱會結束後,我去了巴黎。

巴黎,我,一個人,出去吃早餐。

ME TIME。

這次我沒傳訊息給任何人,一個人來到法國飯店大廳附近的小咖啡廳,本來想點個早午餐,可看了菜單才發現只有可頌。好像不算是太好的開始,可頌就可頌吧,他們還可以單點手沖。看著路邊的風景,映照在窗邊,是自己的模樣,好像身影有點落寞,從我這個角度看來,是個熟悉的陌生人。他會被遺忘嗎?或者是,誰真的關心他嗎?寫了一整張專輯,每天夜裡都唱,只要停下來,人就是會問類似的問題。

但很快,我又被認出來了。

可這一瞬間的我,竟然是有點開心的。

我想,我或許是有那麼點害怕被遺忘的,我或許並不如自己設想的那般想要平凡的生活。倒也不是說我有多自命不凡,只是我的音樂夢想還沒有達成,我的音樂王國還能再擴張,我的想法和創意還沒有推廣,我還有好多好多事想做,而那些事使我註定無法選擇和大部分人一樣過平淡簡單的生活。我需要站在臺前,需要承載一些別人的期望,需要損失那份本該和別人一樣的零用錢。

夜裡,演唱會準時開始了。我回到熟悉的舞臺上,在世

界的角落裡,在歌迷朋友的歡呼聲中,第一束光打到我的身上。我伸手撫上琴鍵,彈出第一個音符。

誰還記得是誰先說,永遠的愛我?

這是「JJ20 世界巡迴演唱會」第一首歌《記得》的第一句歌詞,是演唱會的起點,也是我這場長達 20 年征途的起點。

偌大的場館內好安靜,大家都在聽我唱歌,我知道大家早上都應該好好地吃了早餐。

痛瀕臨快樂,痛心疼快樂,就是這一回事。

→ 與愛犬 MOMO。

Making True Friends, Through Hobbies
用 興 趣 認 真
交 朋 友

　　我是一個認真對待興趣的人。我經常接觸不同的領域，像是電競、潮牌、咖啡等，而我所看中的，一直是我在這些領域裡所能接觸到的人，就像交朋友一樣。

　　如果我只甘於當一名歌手，那我所能接觸到的人始終有限。實際上，我很在乎大家是如何看待我的，我不希望自己在大家眼中只是一名歌手而已，我是真的想要

經營這些不同的產業,真心想要跨界。因此當我在做品牌,或在我處理不同公司的事情上切換時,這些事情都和音樂是沒有關係的。我在開始新的項目時,儘量去選擇做一些沒有音樂人涉獵的項目,因為只有這樣才能去創造所謂的新產業,才能透過加入產業而得以認識產業裡的人。

當我成立一支電競戰隊時,我認識的是專業的電競投資人、品牌擁有者、電競選手等,他們是真正在這個產業鏈裡生存的人。這一切都是因為我的身分是電競戰隊的老闆,而不是因為我唱了一場電競比賽的主題曲。這兩件事對我而言是完全不同的,我不希望是以歌手的身分加入電競活動,而是必須以專業的、電競主理人的身分來認識、對待這個產業。不只在電競上是如此,在潮牌上亦是如此。除非有很特殊的原因,否則我幾乎不在潮流展上唱歌,在咖啡上也是。對我來說,它們都是各個不同的品牌,不同的產業,而我需要證明的是,在這些產業裡,我是專業的。要成為專業的人,那就不能只是嘴上說說。我需要時間去真正地了解這些產業,成為這些產業裡專業的人。

以咖啡為例,當我想做咖啡時,如果我只是去玩票,那真的懂咖啡的人是不會看得起我的。他們會覺得,我只是明星,我只是想賺錢。但事實不是這樣的,我是真的愛咖啡,所以才來學習如何做咖啡。只有我做的咖啡比咖啡師做的好

← ＳＭＧ團隊。

← 主辦KAWS HOLIDA
臺北站與藝術家Kav
及 AllRightsReserve
創辦人SK Lam合影

Road to JJ20

喝，那些人才會停止對我的偏見，他們才會知道我是認真對待這個產業的。這是一個好玩的過程，因為喜歡咖啡，而在做的過程中發現，我有能力可以做好，這一點讓我越來越認真。我選擇做咖啡，也不僅僅因為喜歡喝咖啡，而是真的認為咖啡是有潛力的，是可以拿來做生意的。當我成為咖啡師的時候，在咖啡界裡也交到了很多的好友。

做 SMG 潮牌的時候，其實也面臨一樣的問題。我喜歡時尚，但我的外表容易讓人誤會，大家會覺得小酒窩、長睫毛的林俊傑不可能做出像 SMG 這樣街頭的、叛逆的、軍事風的品牌。這和我當時的藝人定位是衝突的。

還記得 2009 年，也是這品牌開始的第一年，我們在這品牌的 Logo 到底要設計成軍事街頭風還是可愛路線之間糾結。我的歌迷朋友大多是女生，但最後我還是決定走自己想走的路，因為這才是我真正想要呈現的風格。剛開始的那幾年確實辛苦，大眾也不買單，大家都認為這就是明星品牌。慢慢的，我們開始和一些國際品牌聯名。雖然還是逃不過明星品牌的稱呼，但聯名的形式證明了我們是可以的，有人會想和 SMG 合作，而不只是和林俊傑合作。

至於在定位和受眾方面，我相信時間可以慢慢證明「Still Moving Under Gunfire」這個品牌的理念，它符合我對於人生的想像和理解。這不只是個簡單的口號，我會把這個概念帶到我的演唱會上，分享我的故事，把它體現在我的潮

牌上，體現在我的音樂上。我覺得由我來說這件事是最有說服力的，因為我已經 43 歲了，在面對人生的很多事時，是這個理念支撐著我走過來了。

時至今日，這些事業成為我的另一個支柱，它在某種程度上豐富了我的人生，讓我有更多不同的選擇與可能性。或許可以理解為，它是我的延伸。這些品牌都是可以永續經營的，即使有一天我決定封麥不唱了，不當歌手了，不當藝人了，這些產業也可以繼續經營，或許是可以做一輩子的事情。

轉眼，我的服裝品牌 SMG 已成立了 15 年，Miracle Coffee 也成立了 7 年，一切都逐漸走上軌道。它們或許還是需要依靠我的影響力而成長，但不再像以前那樣完全仰賴我的指令前進，它們更有主動性，可以自主生長，有機且充滿活力。是時候了，我希望把它們當成獨立的品牌去營運。多年下來，我成熟了，這市場也足夠成熟了。

如今，在自媒體的環境下，所有人都可以快速地掌握資訊，歌迷的傳播速度甚至比媒體更快。我要是剛從街上走過，或許 30 秒後，大家就可以在社群媒體上看到這個消息了。時代的腳步越來越快，有時候我會覺得現在的人生就是一場大型真人秀，大家對藝人的認知也越來越立體。很多事我甚至都不用自己發聲，我的歌迷們就會理解。在這樣的情況下，我可以不用再多做解釋，這些品牌也一樣。

經歷了這麼多事之後，「Still Moving Under Gunfire」的

品牌精神已經融入我的人生中，沒有人會再質疑唱《小酒窩》的我為什麼可以經營主打軍事風的 SMG。現在的我，還是在唱《小酒窩》，但我所經歷的事情，我走過來的方式，已經完全反映了 SMG 的品牌精神。

Miracle 也是如此。近幾年許多人的生活方式發生改變，大家愛喝咖啡，我也愛喝咖啡，這些事情如此真實地發生在我身上，成為我的一部分。懂我的人自然會理解我，但不懂的人不理解也無所謂。

在這些事情上，我變得從容許多。以前可能會有很多緊張和焦慮的情緒，我想要把一切都抓在手裡，讓一切發生在可控範圍內。現在的我調整了自己的心態，讓事情自然發酵，也時刻準備面對不可控的意外，見招拆招。我是一個理想主義者，我永遠能看到事情最美好的狀態。

換句話說，7300 餘天，是一個用興趣認真交朋友的過程。

Road to JJ20

→ Bruce 說

　　JJ 是個很細心的人。一次和 JJ 做活動時，遇到日本潮流教父 Nigo，我表達了自己對 Nigo 的喜歡。後來，JJ 到日本時，Nigo 邀請 JJ 去他的工作室參觀，JJ 就特意叫上我一起去，讓我十分感動。2019 年，在「KAWS:HOLIDAY」的新品發布會展出他的藝術作品，JFJ Productions 是協辦單位。後來 KAWS 約 JJ 吃飯，JJ 也特意叫上我一起去，讓我非常開心。

→ Ming 說

　　JJ 一直把大家放在心上，甚至會觀察並記下大家喜歡的小東西，在合適的、特別的時間送給夥伴。多年前，我剛和 JJ 磨合完不久，JJ 就帶我去紐約時裝週看演出。我本身就是留美學藝術的，這對我而言，是個非常酷的體驗。

　　同時，JJ 曾經表達，希望 SMG 能夠凸顯出時裝主創作者的角色。2016 年至 2018 年，JJ 帶著我參加上海時裝週的活動，鼓勵我一起上臺接受訪談。雖然我並不是個擅長發言的人，但 JJ 也願意給我機會練習，希望我能有更多的機會學習如何應

2019 年電競戰隊 TeamSMG 新啟航發布會。翻拍自林俊傑微博。

對，習慣站到臺前。他跟我說，他以前面對大衆說話也會感到緊張跟害羞。在這個過程中，我深刻感受到作爲藝人的 JJ，要站在螢光幕前侃侃而談，實際上是需要經過許多努力去學習和克服這一切的。

→ JS 說

　　2016 年左右，我在好友的介紹下與 JJ 一起打 Dota。我們當時只是網友，後來碰面時，才知道原來一起在網上玩遊戲的人就是 JJ。2017 年，我念完研究所找工作，吃飯時和 JJ 談及此事。他問我有沒有興趣進公司當助理。當時我認爲自己對演藝圈和營運一竅不通，可是 JJ 安慰我說「沒關係，就像在遊戲裡玩輔助一樣就好」。在遊戲中，我一般玩的是沒有太多人願意玩的輔助角色，玩輔助角色就表示你必須犧牲自己，成全整個團隊。他能看重我的特點，這讓我感到很開心。

Gameboy & Love
Gameboy & Love

很久以前,我以爲,我會是漫畫家。或者,是電競選手。

沒想到,我變成了創作音樂的歌手。

小時候的我,最喜歡玩的是《FINAL FANTASY》。

後來,我交了個女朋友,她會寫作、會寫劇本,而我就負責畫漫畫,我們一起畫了兩本漫畫。當時的想像是美好的,在未來我要把漫畫裡的世界打造成一款遊

↑ 中學年度畢業作品
我是美術班的。

戲，再給遊戲做配樂。結果，感情結束了，漫畫沒戲了，做遊戲比打遊戲要難一百倍，只剩下哼哼唱唱，彈鋼琴錄音樂做配樂。

但我永遠記得那些想把整個腦袋中的世界給打造出來的熱情。

或許我是真的天真吧。

我對感情的事情也有很多想像，而這份想像回到現實中，有很多是我無法掌握的，兩個人的世界，並不是我說了算。更糟的是，一旦愛上了，就像沉迷在遊戲裡，我希望能把每個關卡都打通。全心全意地投入，毫無保留，即使遍體鱗傷也在所不惜。然而，現實人生並

↑ 吉他練習。

不是遊戲,現實中我們真的會受傷,會痛苦,逝去的也不一定有第二次機會重來。這讓我感到害怕,我希望一切都是美好的。

　　出道這麼多年裡,我經常被問到關於理想對象的想像,像歌曲一樣,不同階段也有不同階段對於愛情的想法,透過歌曲給出過各式各樣的答案。但若要說到理想型,我希望她可以擁有讓我崇拜的特質,讓我產生好奇,讓我想要學習,就像我熱愛的音樂一樣。可惜,以我現在的工作狀態來說,我能給一段關係的自由時間實在有限,除了工作,我幾乎沒有什麼社交活動,更別說要輕易去認識一個新的女生。情感的事,也不是一頓飯

就可以解決的。或許我需要一個很愛我的人，很積極地來打破我的限制與心房吧，但這也不公平，跟我在一起的人也太辛苦了，我想到這些都感到心疼。

我早期的歌裡，大多表達了我對戀愛的期待和憧憬，期待有人可以發現我那無所不在的愛，《期待你的愛》裡唱的就是我對愛情最正面的想像。可是我也和大部分人一樣，似乎得是在真的談過戀愛之後，才會覺得戀愛好像沒有這麼單純，對愛情的憧憬也會逐漸破滅。後來，朋友情感出了問題，旁觀的我感到困惑。我不懂為什麼他們倆明明已經形同陌路了，卻還是拖著不放手，寧願折磨彼此也不捨得結束這段感情。我那時候就在想，他們如此不捨得分手，是不是就在等，等誰願意把話說清楚，這段感情是不是就可以挽回？但我觀察了很久，發現他們好像不只是不知道怎麼分手，他們更不知道怎麼把話說清楚。

一字一句像圈套。

是不是每對情侶都會走到這一步，背對背擁抱著彼此，濫用沉默在咆哮，愛情來不及變老，葬送在烽火的玩笑。

林怡鳳把我的困惑寫成《背對背擁抱》的歌詞。

我沒辦法把每一首歌的歌詞背後的故事都分享出來，但我跟一般人一樣渴望愛情、友情與親情的羈絆，

挑戰十分鐘畫出櫻木花道。

而這一切都寫在一首首歌曲裡面。這些都是現實人生的配樂。

我偶爾還是會畫點漫畫，但寫歌更能描繪出我眼前的世界。我還是會打遊戲。在遊戲中，我認識了很多好夥伴，我把他們拉到我的現實世界來，打怪通關，克服眼前的困難。

我想，我還是當年的 Gameboy。還是會期盼在未來

會有個懂我，理解我，甚至幫我寫故事的伴侶出現。我們的「Final Fantasy」。

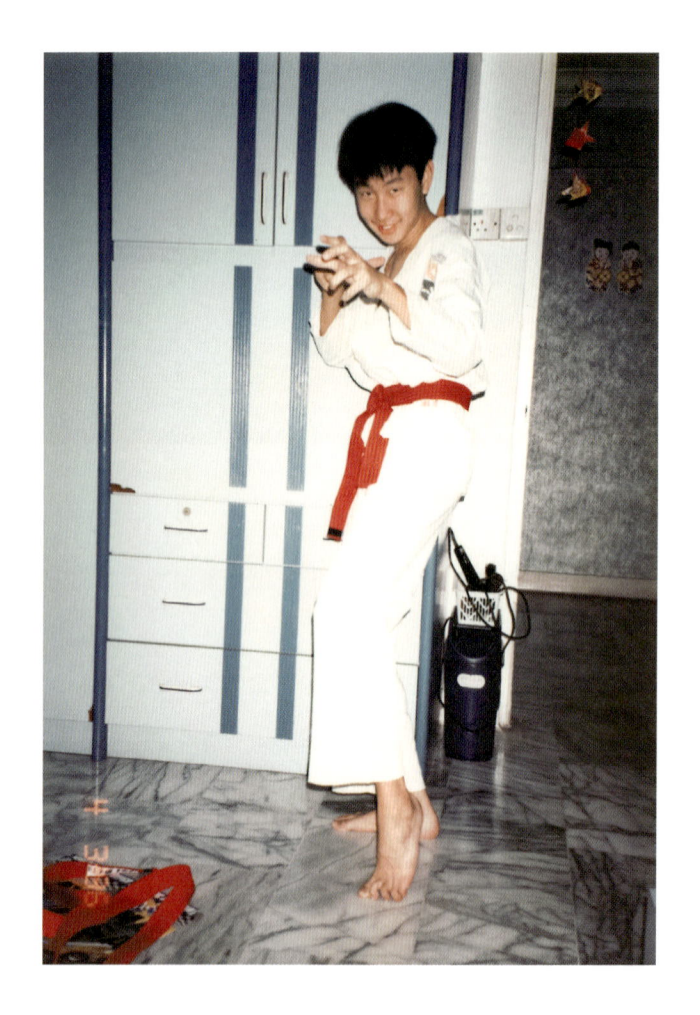

← 小時候練跆拳道。

Road to JJ20

Two Heads Are Better Than One
兩 個 人
比 一 個 人 好

　　大多時候，我是享受一個人的自由，但有些朋友，會讓我覺得兩個人比一個人好。

　　懷秋就是這樣的朋友。

　　我認識的人並不少，但能真正稱之為朋友，並且會私下相約的人其實非常少。

　　懷秋永遠把我當成自己人，這 20 年的路，他從未

缺席過。每當我問他意見時，他誠實、直白地告訴我他的看法，不說場面話，不敷衍。例如當我將歌曲的 Demo 分享給大家時，所有的人都說好聽。但懷秋聽完後，他若覺得不好會直接告訴我。他明白，我想要更好，而作爲一個朋友，能幫助我更好。

不吵架是不可能的。重要的是，吵完之後，就能重歸於好，我們兩人的情緒都是來得快，去得也快，往往只要三五分鐘，最多十分鐘。印象深刻的一次爭執，是我們在美國拍形象照時意見有分歧，但礙於現場有其他工作人員，我們不吵而是選擇沉默、冷戰。後來，我們一上車就激烈地吵了起來。但到了目的地後，我們都被新奇的電動遊戲吸引了，又一起玩了起來，就忘了剛剛的爭吵。40 分鐘後，我向懷秋道歉，表示自己說話太衝。懷秋也向我道歉。我們擁抱了彼此，就把這事翻篇了。我們都不是想要把負面情緒當存款的人，或許是因爲這樣，記憶中兩人在一起時就是要比一個人更開心。

我們之間的默契是，不管是誰遇到挫折，都要陪伴彼此度過低潮。這所謂的陪伴並不是要和對方用同一個鼻孔出氣，而是單純、安靜地陪在對方身邊，或打電話、聽音樂、小酌，但在這過程中都不會針對事件進行討論，我們在一起並不是爲了要解決問題，我們都知道，眞正的問題解決者，永遠是自己，但脆弱的時候，有人相陪，護衛，支持彼此，才能再出發。

與好友懷秋合影。

　　記得 2010 年左右，在大嘴巴正準備爲新專輯進行錄音的前夕，懷秋發現自己的喉嚨長繭，導致他所有的演藝工作被迫暫停 4 個月。當時，懷秋非常焦慮，我沒有告訴他「過一陣子就好了」這樣的話。我自己也是歌手，也經歷過失聲之苦，但那是我，不是他。我不是醫生，但我可以做的是陪他到咖啡廳吃飯，兩人就這樣靜靜待了近兩三個小時，彼此都沒有說話。這樣的陪伴就夠了，在這種時候，我們都明白，兩個人比一個人好。

　　後來，懷秋決定轉型成爲演員，選擇到世界各地，如美國、韓國，還有北京等地上了兩年的各式表演課。有一次，我在演唱會跟發片的空檔，跟他一起去好萊塢上課，兩個月，週一到週五，從早上 8 點到晚上 6 點半，排滿了密集的表演課程，去的時候我們都將近 40 歲了，但我們知道我們還年輕，還是有一樣的好奇心，

我們都想要往更好的自己轉變。這兩年，懷秋幾乎推掉了所有的工作。對於這個決定，懷秋內心很掙扎，擔心會被觀眾遺忘導致演藝事業中斷。但對於懷秋的選擇，我沒有多問，只表示理解。學完表演後，懷秋有一陣子苦於找不到想要的工作或角色。我跟懷秋說不要多想，我相信他總有一天會成爲一個很好的演員，而他現在也成爲了一個備受觀眾肯定的演員，我很替他高興。

我們並不是那種陌生老朋友，我們常見面，有趣無趣都要聊一聊。我珍惜這份無聊，有深度的無聊是一種相互之間的了解，是一種安慰。

我很慶幸有懷秋這樣的朋友。

→ **懷秋說**

　　我認爲 JJ 是個孤單的人。JJ 報喜不報憂，思維跳躍，想到要做的事情，就會去做，執行力滿分。對此，我自愧不如。我們經常聊到感興趣的話題，差別是 JJ 會想辦法去執行，去跨出第一步，哪怕這些領域對 JJ 而言是完全陌生的，像電競或潮牌，但他願意嘗試，這讓他變得更爲孤獨。因爲一旦跨入新的領域，他就會面對前所未有的困難，

身邊的朋友誰都追不上，也不一定能理解或幫得上忙，困難需要他獨自克服。甚至在音樂上，他想要的也並不是大家在 KTV 一定都會唱他的歌，而是希望可以和大家分享他的理念。

JJ 做的事，無法被所有人理解，例如在成立電競戰隊這件事上，培養一支戰隊要付出的辛苦絕對比想像中要多得多。負擔吃住、薪水、隊伍還得配教練等，這些都不會是簡單的事，但他就是願意為了心中想要完成的事和夢想去投入、去犧牲。不一定每個人都能看見和理解，他自己也不會掛在嘴邊。

在音樂上，哪怕是像演唱會這樣，對他來說是日常的工作，他投入的時間和精力還是很多。演唱會時，他在兩三個小時內享受了粉絲的歡呼，他感到熱血沸騰，付出的一切，有了收穫，心是滿的。但演唱會結束後，當他回到房間後，他還是難免地會覺得空虛，感覺就好像前面的兩三個小時都是夢，因為這份開心沒有人可以分享。

在我出道前，曾經和他一起去西門町看電影首映。JJ 開車載我，兩人上車之後就光顧著聊天，也沒有注意車子的去向，直到兩人遇上塞車，我才突然發現車子正往反方向開，那時我們已經在永春

站附近了，而當時離電影放映只剩半小時。我提議 JJ 停車，搭捷運藍線直接到西門町，那只需要 8 站的路程，這樣就能趕上電影開場。JJ 聽完後表示，他從來沒有搭過捷運，有點擔心。我聽完後，給 JJ 打了一劑強心針，表示自己時常搭捷運，讓 JJ 放心。後來，我們一同進捷運站搭捷運。那是社群媒體還沒流行起來的年代，但從 JJ 進入捷運站開始，就被粉絲認出來。粉絲都湧過來向他要簽名，想和他聊天，甚至原本沒有打算搭這班車的乘客也通通衝上車，場面十分混亂，連我都害怕自己會受到波及。那 8 站捷運的時間是我在捷運裡度過最煎熬的一段時光。我那時就在想，萬一 JJ 出了什麼事，我就該負全責。

我當然明白作爲藝人，受到這麼多矚目自然是好的，但當時的我看著 JJ，卻突然覺得有些心疼，覺得他好像沒有自己的空間。JJ 在亞洲地區其實很難一個人出門，因爲他只要一出門就會被人們認出。

我希望 JJ 能夠過上平凡的好日子，這是身爲好友的祝福。

痛 苦

Pain

Pain: Taking It In

Still Moving Under Gunfire

Still Moving Under Gunfire

Where the weak lie

When no one's beside

I will fight, till the end times

Till my knees cry

I'll get up, get up

逆境是讓人成長的開始。我永遠記得,那關鍵的 100 天。

2009 年創作第 7 張專輯期間，歌唱表演非常忙碌。有一天，我突然無法發聲，咳血，不僅唱不出歌來，連話都沒法好好說。這對一個以聲音作為藝術核心的創作人來說，是最可怕的夢魘。當時去醫院檢查，說是太過勞累導致聲帶受損。醫生發出「禁聲令」要我休息，除了無法推辭的歌唱表演之外，連話都不能說。說不出口的苦，讓我過了一小段苦中作樂、比手畫腳的日子，但藝人的時間表是沒有喘息空間的，那些排定的計畫並不只牽涉到我，還有許許多多參與其中，靠這工作生活的人，我無法停。結果，北京站演唱會勉強上場，唱到完全沒聲音，公司跟我都知道，這是盡頭了，我們盡力了。不能唱歌的歌手能怎麼辦？我回到新加坡，所有的工作都停了下來。當時的感受，像坐在一列疾馳且沒有終站的擁擠列車上，突然被拉下緊急停止閥，被迫下車的只有我一個人。環顧四周，我是回到了家，心情上卻像是來到陌生的車站，看著列車重新啟動前行。我卻不能再上車，手上的車票已經宣告作廢，其他的創作者還在那列疾馳的列車上，而我就要被遠遠地拋在這裡了，該怎麼辦？

　　我接受醫生的建議，接受治療。但是我明白在這馬不停蹄的日子裡真正損害受傷的不僅是聲音，還有我在這些年配合的各種行程、安排與他人的期待，不知不覺，我也受了傷。那個傷是在心底，藏在別人看不見的地方，是沉默的獸，連哭泣的聲音都沒有。或許是受傷的我抗議了，不想再說話。

我獨自一個人在醫院裡，想著從出道開始到現在，我被迫停了下來，到底自己完成了什麼？走到了哪裡？設想著最糟的狀況，如果我真的無法唱歌，未來的我，將是一個什麼樣的人？

那是我面對的第一個人生低谷。我明白自己一旦失去聲音，那眼前我所擁有的一切也會在一夕之間離自己而去。現在擁有的一切，都不是理所當然的。

我會被忘記嗎？

第 7 張專輯該怎麼開始？

出道後的那些年，唱片公司主導了歌手對外的形象以及創作策略，公司打造的我就是「乖乖單眼皮」的形象。過去的每張專輯都是根據趨勢，圍繞著一個主題，可能是一本書，或是一部電影來創作。也許選題很棒，面對市場的策略也正確，我跟團隊一起做出了很多不錯而傳唱於世的熱門歌曲，但是我覺得可惜的是，許多人有印象的都是好聽的歌曲，而不是我——林俊傑。對於任何一個有創作企圖心的歌手來說，這是認同危機。創作專輯《西界》時，我放入了更多創作元素，更前衛，但歌迷感到困惑，他們覺得不熟悉，這是印象中的林俊傑嗎？對歌迷來說，他們更喜歡的是《豆漿油條》這樣的歌曲，豆漿離不開油條，讓我愛你愛到老。我明白這是首很甜的歌，我明白大家喜歡的理由，我們都想

在乖男孩的美妙歌聲的許諾下擁有一輩子暖暖的好。我在原有的路線上能詮釋得很好，創造公司跟歌迷都愛的雙贏局面，但仍舊解決不了我對於自我創作定位的迷茫，這就是我的極限了嗎？我只是個唱抒情歌曲好聽的歌手嗎？上天給了我一個最殘忍且直接的考驗──奪去了我的聲音，讓我一無所有，停下來，好好地，認真地想一想。

我身為一個音樂創作人，不可取代的特質到底是什麼？那個 100 天，我，內心戰火連天，卻啞口無言。

不安的我，想說的話，只有用鋼琴來描繪內心世界，我好像在琴聲中又慢慢地找回跟自己對話的力量。

我記起那些學琴的日子，用琴跟其他人溝通的快樂。我對世界的提問，就像作家用筆，而我選擇用鋼琴，一鍵一鍵敲出我跟世界的連結。

Still Moving Under Gunfire.

一鍵一鍵，黑與白的交錯，我用音樂邁開腳步，即使烽火連天，我不會停下來，音樂可以帶著我繼續前進。

在無法發聲的日子裡，我用手指在琴鍵上行軍。

關不住了心跳鼓聲，咚咚咚，我無法克制自己忍住，和世界反目。

我在音樂的路上選擇了一條最難的路，我不怕。我讓念頭奔馳著。

我不怕在音樂裡面找來屬於娜魯灣的歌聲，一瞬間彷彿置身於自然山林間，我想守護這份山林、大地，還有母性的

2009北京首都體育館演唱會歌單。唱了新加坡、北京場後，聲帶受損。

力量。

　　我不怕寂寞了。堅強是我的天分，下一個會更好的。我不怕受傷，我只怕沒有嘗試去愛，沒有嘗試的機會，一個又一個。我可以談情說愛了，兩個相愛的人卻總是背對背的擁抱，無法擁有面對面的幸福，該怎樣？即使看不見，背對背，也要在心底跟自己愛的人擁抱。我可以玩點 RAP，來點爵士，唱我熟悉的英文，重點是這都是發自我內心的音樂，在最沉默的時光裡，在心底唱得最響亮。短短的 100 天，我寫完了一張專輯。

　　我當然可以是「乖乖單眼皮」，我不否認我有純真

大男孩的那一面，我還是可以開心地唱著《豆漿油條》《小酒窩》。但我不只是那樣，那個答案也無法由他人來回答，只有靠我自己重新站起來時，才能夠發現。

就這樣，那旣漫長又短暫的 100 天，我失去了聲音，但我擁抱了一切，感受音樂與我自己眞實地融合在一起，過往無法輕易融入的各種音樂元素跟節奏，因爲不再是外在強加的包裝，而是我自己融會貫通的領悟，感覺到自然後，反映在歌迷的接受度上也同樣自然，他們接受了我這樣的改變，可以是前衛的、變化的、捉摸不定的林俊傑，但不會是別人，我找到了我自己的定位與風格。

> 什麼是生命中的美好
> 輕易放掉 卻不知道
> 幸福就在下一個轉角
> 說一聲加油 一切更美好
> ——《加油！》

加油，我重新獲得了力量，我可以用歌曲爲那些需要在逆境中重生的人加油。

那一年的金曲獎，我因爲專輯《100 天》入圍了最佳男歌手，重生的歌聲獲得評審們的肯定，我很開心。但不僅如此，我嘗試挑戰演唱女歌手的組曲，以女人心來演繹歌曲。

我好像透過琴鍵與歌聲，跟其他的創作者有了更深沉的音樂對話，我非常享受那樣的過程，是一種新的感受。我不再是單純的詮釋者，那個乖乖單眼皮的小男生變成了成熟的男人，對這世界的理解不再虛假，不是包裝，是出於內在最真誠的體會，可以是殘酷的，可以是反叛的，可以是世故的，這才是愛情的全部。

　　許多人是在失戀中，感受到存在感，而在失去愛情中成長。我則在差一點失去聲音的 100 天裡，重新找回自己對音樂創作的熱情與初衷。即使那一年，我最後

沒有拿下最佳男歌手的獎項，但對我來說，只要繼續彈琴，繼續前行，我相信這個世界會給我最好的回應。

Still moving under gunfire
In the night sky
Where enemies hide
I will fight, till I die
Till the Morning Light
And Sunlight will shine on me (yeah)
Holy, Holy …
That Sunlight will shine on you
Just you, and me
Sunlight that comes from You.

—— 《*Still Moving Under Gunfire*》

↑ 《JJ 陸》宣傳期歌迷見面會節目錄影。

Non-Hero
Non-Hero

No one cared who I was until I put on the mask.

　　超級英雄電影的魅力，我們看的往往不是他有多厲害，而是他有多接近平凡人的苦惱與苦難，但隱藏在面具下的他，往往是經歷了一番考驗之後，我們還是無法看清他的真面目，他甚至可能永遠都不會被理解，這是屬於英雄的悲劇。

　　但他依舊得披上披風、戴上面具，遂行他的俠義。

當我們被欺負時，或者人生中遇到不公不義時，我們都期待這樣的面具英雄能拔刀相助來拯救我們。

在這樣的英雄群像裡面，我比較認同的是蝙蝠俠，我還為此寫了一首《黑暗騎士》的歌，黑夜的黑不是最黑。

大多數時候我也不需要穿緊身衣外出，在深夜小巷裡面執行正義的任務，頂多是跟朋友變裝出門去吃宵夜、看電影、開跑車等。我想我可以認同的，是他那深沉黑暗的憤怒感，卻深埋在無從述說的寂寞裡。

我的麥克風，站在舞臺上的包裝與形象，還有音樂，都是我戴上的面具。只有戴上了面具，成了眾人面前的林俊傑，大家才能靜下心來聽我的話，他們在乎的是在舞臺上的林俊傑。

但面具下的我，並非超人，也是會受傷，會憤怒。

小時候我曾被欺負，遭受過精神上的霸凌。我是一個沒有自信的小孩，沉默，容易被誤解，加上外表沒有侵略性，所以大家都會覺得我很溫柔、安靜，甚至是好欺負。

長大後，即使到現在，成了歌手，類似的事情還是會發生。小時候面對的是言語霸凌，而長大後則是面對網路霸凌。

是的，我會感到憤怒，不平衡，但我很少直球反擊，不是不反擊，而是用自己的方式在反擊。我記得曾經到好萊塢上過為期一個月的表演課，有一堂課需要同學們即興發

揮互嗆。當我在跟老師練習時,老師突然嗆我,說出「You're soft strong」,亦指我是用自己的沉默、表現和方式去反擊。當時這句話一下就擊中了我,原來老師能理解我的這一面,但我會把這份憤怒轉換成創作嗎?

　　我不會,這或許是動機,但不是素材。創作是需要美學轉化的,需要距離,需要沉澱,而不是直接用暴力。

　　我不會將負面情緒直接寫進作品中,我需要先消化這些情緒,才能寫得出作品。在憤怒的狀態下,我是寫不了的。最痛的時候,我也寫不出歌曲。創作是當我回神之後,那一口氣能喘過來,生存下來了,才有下一步動作。

↓《交換餘生》MV,
我與阮經天。

尤其是憤怒。在憤怒的狀況下，我幾乎動彈不得。我會在悲傷的時候、難過的時候寫歌，開心的時候也會寫歌，但在生氣的時候、憤怒的時候，我不會寫歌。

對我來說，歌曲不是武器，不是暴力。

這一切都是修煉出來的。

我在 20～35 歲之間，有過一段比較衝動的時期。當時我敢講，敢開玩笑，但現在的我不會再這麼做了。大環境不一樣了，我必須要為自己說出口的每一句話負責，承擔風險。這並不是指我害怕了，而是更謹慎了。如果我還想要當歌手，我還想要成為別人的榜樣，我就

必須這麼做，而不是因為旁人的煽動就與人爭論、衝突。我應該更聚焦在自己的創作裡，用更好的作品來回應這個世界，而不是單一的問題，或者一個對象。我認為我的音樂絕對比我說出來的話更直接、更大膽、更透明。因此，才有機會透過音樂來展開對話。

　　有一段時間，總有人會罵公司，所以我才說了一句「公司就是我，我就是公司」，我們團隊夥伴受傷，我不能保持沉默。

　　對我來說，我們就是團隊，這是我自己的公司，我自己的品牌，因此當他們在罵公司的時候，其實就是在罵我。現在他們知道了，乾脆直接罵我。但對我來說，他們罵我，也就是在罵他們自己，打他們自己的臉。因為他們都說自己是我的歌迷，既然是愛我、疼我的歌迷，怎麼會捨得用這樣無情的方式來攻擊我呢？

　　有些人會說因為我寵粉，歌迷不怕我，才造成有些歌迷有時候會踩到我頭上的局面。但這點是不可能改變的，我本來就是這樣的人，我不可能突然改變對待歌迷的態度，我只能選擇做好自己，把握好原則。

　　經過了20年的歷練，現在的我想做一些新的嘗試，但每個嘗試都要面臨歌迷重新適應的挑戰。

　　不適應的歌迷，很容易轉化成憤怒，而我就得去承擔這份風險。

例如這次讓蔡宥綺來當演唱會嘉賓,許多歌迷無法接受。他們都有各自的看法,有人覺得新人不應該站在這麼大的舞臺上,有人覺得他們花錢買票是來看我而不是看她的。反正有各種理由來質疑我,彷彿我做了天大的錯誤決定。

在演唱會的籌備過程中,我需要做一個決定,是不是要把一個還沒準備好面對跟我一樣壓力的新人放在這麼大的舞臺上?但我覺得這是最好的機會,再也不會有更好的機會讓一個新人可以透過舞臺來證明自己。她所面對的就是這樣一個新的世界,她需要嘗試面對輿論。

我自己親身經歷過,在現在的大環境下,如果無法承擔這份壓力,將難以在業界生存。即便如此,我還是擔心和緊張。因為是我讓這樣的一個女生,一個我本來就知道她容易受傷的女生來面對這一切。我相信並且欣賞她的音樂才華,所以我只能希望她勇敢一點。世事多變,我無法保證一定會成功,但只要跨出去,Still Moving Under Gunfire,這是我的信念,未來,她一定能跨越每一次的挑戰。她邁出了第一步,不論她再不自信、再害怕都好,她都站上了「JJ20世界巡迴演唱會」新加坡站第一場的舞臺。

我沒有逼迫她做這件事,甚至當知道她要面對這一切時,我都有點心疼。我跟經紀人爭執了好幾次,想說不然不要再讓她上臺去面對這些壓力了。可是最終,我還是覺得,我要幫她打新歌,而這就是最好的機會。

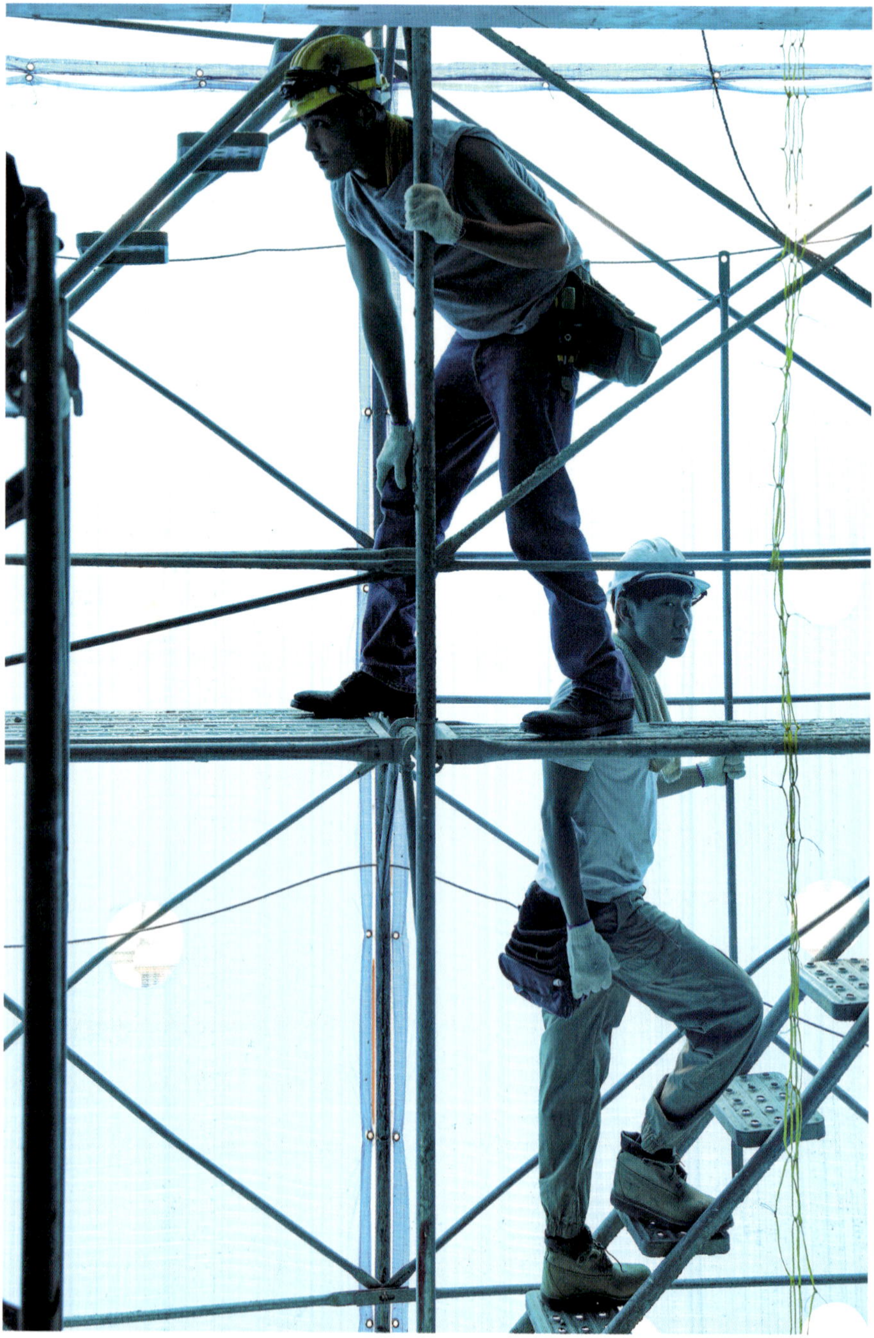

我沒有離開舞臺，我選擇和她一起待在舞臺上面對這份壓力。

　　有一部分的我，是不會改變的。我還是希望保有我對這世界的風度、禮貌、友好和樂觀，我會學習更誠實地去面對自己，並且支持自己相信的人事物。

　　我會用行動來證明自己，在黑暗中呼喚黎明的出現。

It's not who I am underneath, but what I do that defines me.

Who Would Treat Loneliness as Entertainment
誰 願 意 拿 孤 獨 當 娛 樂

我把一切的寄託、希望、能量都放在音樂裡，我認為這就是定義自己最重要的東西。

音樂是我這一生的動力。我把靈魂交付在旋律與音符裡，跟大家在歌曲中對話、共鳴、療癒，感受著對生命的熱愛、心跳，這樣就夠了。下了舞臺，放下麥克風，自己快不快樂、寂不寂寞都不是最重要的，一切犧

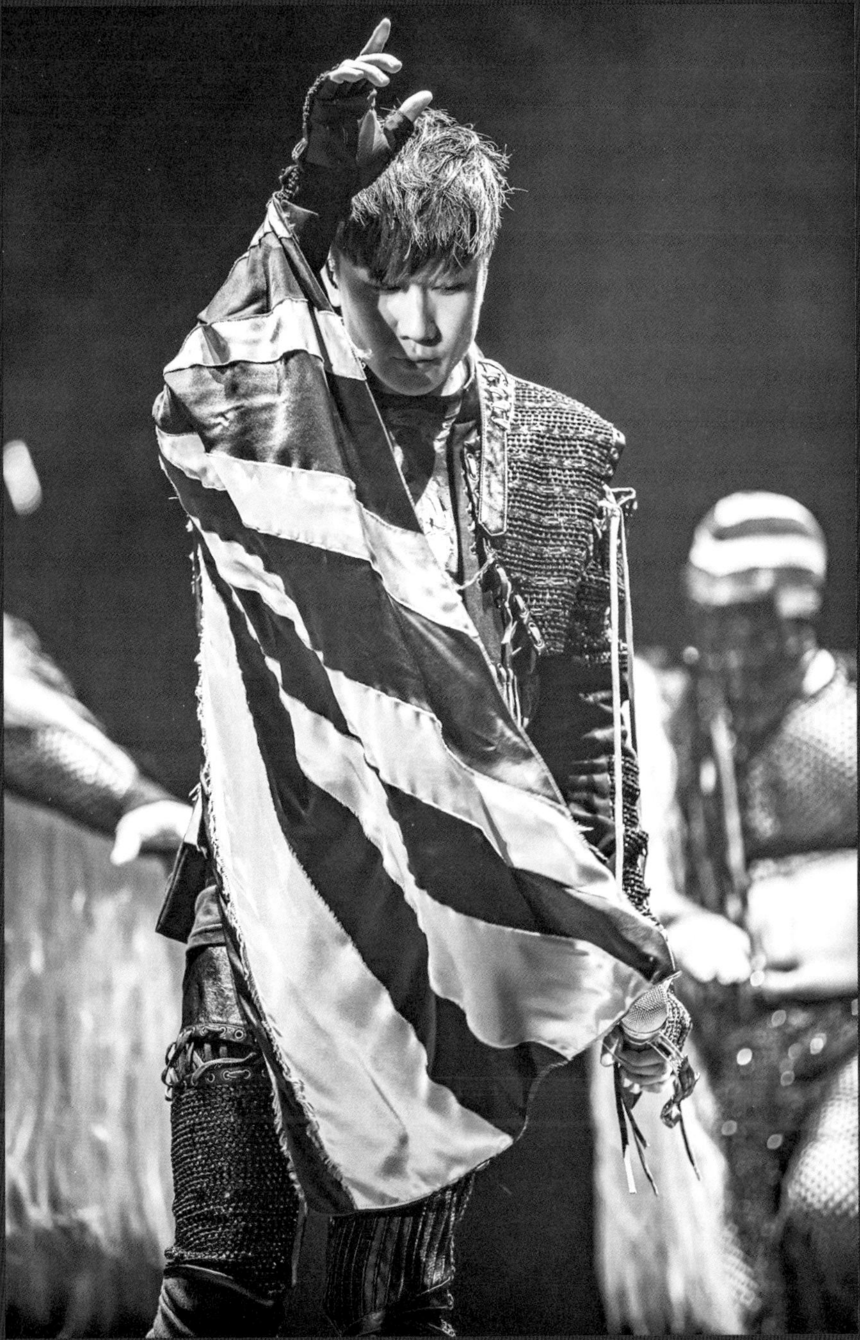

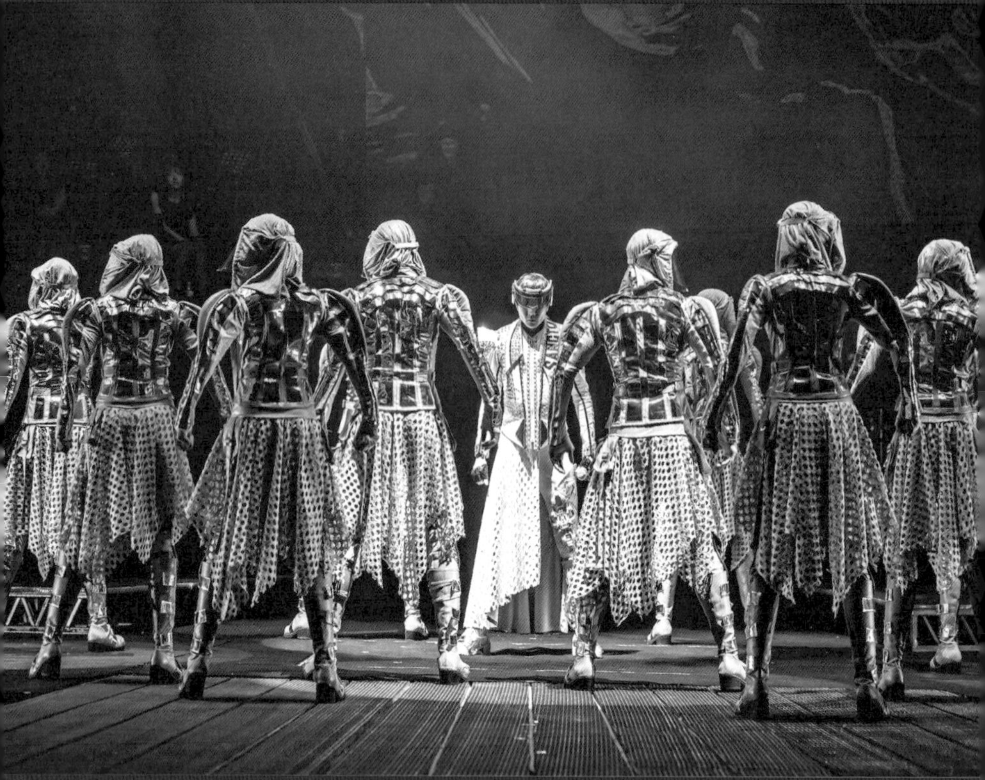

牲都是值得的。

　　當我把這任務、群眾、歌迷和這些人的靈魂當作人生寄託時，這幾乎算是一種信念。但一瞬間，就像無預報而驟下的雨，我的世界突然背叛了我。他們撐起了傘，說我遭受的這一切都與他們無關，我只是他們人生裡茶餘飯後的話題、用來說笑的謊言、娛樂版面上的新聞，排在日常衣食住行需求最末端微不足道的藝人。

　　這一瞬間，我被打醒了。

　　我是藝人，但也是普通人，跟你我一樣，會感到憤怒和生氣。

　　當我想要發洩的時候，身邊無人能懂。身為公眾人物，甚至很多時候想說的話也無法說出口。我只能永遠做自己最該做的事，不做不應該做的事，這是我給自己的期許。但這不代表我不會生氣，也不代表我沒有想過要放棄。

　　坦白說，我感覺很受傷，而這些傷我最深的人，可能是我最在乎的人，口口聲聲說支持我，口口聲聲說會陪我到老的歌迷們。

　　是我把自己看得太重了嗎？
　　還是我太把自己當回事了？
　　難道我對大家來說，只是那耳熟能詳的旋律或嗓音？

「行走的 CD」，是個讚美，但此刻讓我感到諷刺。我追求完美，但我不是機器人，或某個能夠重複播放的功能鍵。不論我發生什麼事，他們的生活、家庭依舊圓滿。哪怕沒有我的歌，沒有我的音樂，他們也可以換一首歌或換個歌手來聽。

我如此重視這一切，但換來的是一瞬間，可能什麼都不是。

因為一個新聞、話題、甚至是謊言，毫無根據的說法，就跑了。

可他們跑了，我的世界就崩塌了。

我相信，絕大多數的歌迷朋友都是真心實意替我著想，真心為我好的。或許只是世界的訊息變得越來越難輕易相信與理解，我發現，當我真的需要被信任的時候，幾乎沒有人是能夠真正停下來傾聽和在乎的。說到底，他們更在乎他們自己，在乎的是我沒有破壞他們心中的「林俊傑」；在乎的是他們心裡對我的想像，他們需要的是亙古不變的、沒有任何瑕疵、不能有問題的「林俊傑」。

我不是要求每個人都盲目地相信我，只是看到這些歌迷朋友在知道這件事後的反應是，「哇，原來你是這樣的林俊傑」，而對號稱「陪著他們長大」的歌，棄若敝屣，再也聽不下去了。這些話一字一句刺在我心裡。

我為什麼不解釋？很多人說，我不站出來，就是默認了

指控。但我知道我是什麼樣的人,我沒有隱藏,還需要解釋什麼?

有段時間,我不知道應該怎麼去面對這一群我所在乎的人的「背叛」,我的精神寄託被偷走、消失、歸零。我要面對的不僅僅是有心人士刻意的抨擊和打壓,還要面對我一直以來自以為很愛我的一群人的懷疑與指責。

我是敏感而脆弱的,即使大多數時候我都堅強地站在風口上,繼續唱著歌,實踐我的使命。琴鍵還是一指一指地演奏著自我的對話,唯一不變的還是音樂,但憤怒、悲傷,不會停。

直到現在,我的世界都還沒重建好,或者說,我的這個疑惑直到現在,都還沒有得到解答。也許終究不會有解答,它就是難解的人生課題。

這 20 年來,我把音樂看得很重,我把所有力氣都專注在這件事上,包括我的時間、安排、選擇、投資,可以說我的全部都在這裡,因為這是我在人世間覺得真正有意義的事情。或許,世界本來就是這樣的,它不會因為你比較努力或是你沒那麼努力而有所改變,一切改變就只在一念之間,來得措手不及。

我會問我自己,該怎麼面對? 要怎麼繼續?還要繼續嗎?還是就這樣算了?

或許,就是需要時間吧! 20 年的風風雨雨,不是沒有疑惑和恐懼,但我還是繼續唱著、寫著,這就是我面對的問

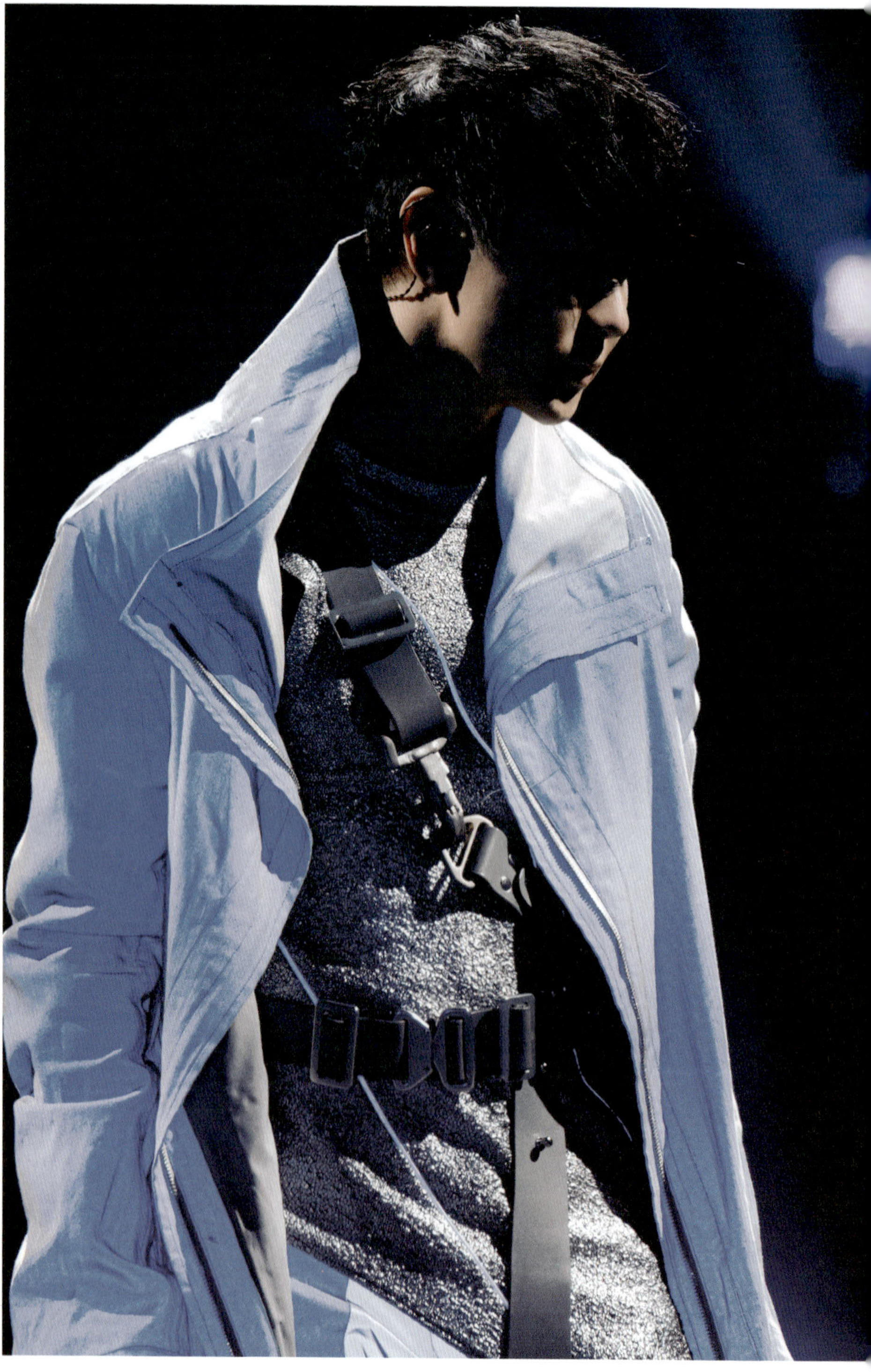

題，面對自己最誠實的方法，別無他法。

在這次演唱會的過程中，我唱每一場的時候都會想，歌迷選擇來看我的演唱會，選擇聽我的歌長大，那都是陪伴他成長的一個過程。

回到歌者、創作者或是藝人的角度去看待這些事情的時候，這個選擇就是我的全部。我的人生除了它就沒有別的了，真的沒有別的了。當然不是每個人都是這樣，可對我而言，我的孤獨就在於我的這個選擇。

我讓音樂成為我這 20 年來的全部，未來也是。

娛樂是選擇，孤獨也是。所謂的痛，是我必須為了這個選擇去承擔的所有後果。我的選擇造就結果。因此當你問我快不快樂的時候，快樂和痛，它是並存的。它們彼此之間在對話，所以在這個時候，在這首歌裡，我唱著，你聽見了，痛反而會心疼快樂。

如果把痛當成一個自己，快樂當成另一個自己，那痛的 JJ 會告訴快樂的 JJ，「I'm sorry man，我現在比你行。至少我誠實，我承認。快樂，你輸了，因為你是假的，你是虛的，因為你不快樂，但你還是笑了，that's fake。」

因為如此，痛才會一直往下掉，這個痛是沒有解藥、沒有希望的。《孤獨娛樂》不是一首溫暖的歌，我在唱、在寫這首歌的時候，我沒有感受到一絲溫暖，因為我看不到希

望。為什麼要宣洩？為什麼聽起來這麼慘？都是因為在當下，我找不到希望。

但是當這首歌完成了，唱出來了，對聽眾而言，這首歌就有了不一樣的意義。

它或許可以讓聽眾和我一起取暖，因為我知道這世界上一定有和我一樣的人。我們之所以能一起取暖，不是因為我們找到了希望，也不是因為我們找到了解藥，而是因為知道世界上有和我們一樣痛的人。我現在需要的是找到這個和我一樣痛的人，我想知道他在哪裡？他會是什麼角色？他會是什麼身分？他經歷了什麼？他的心情、狀態會是怎麼樣的？這是我非常渴望的，也是我僅有可以發揮的。

唱出來了，才醒悟，原來歌迷在我眼裡是這麼重要，重要到我會因為他們而感到破碎、無力。原來我最受傷的幾個瞬間，都與他們有關。他們對我而言早就不只是「你支持我的音樂，我感謝你」這樣的簡單關係，而是我的精神支柱。上臺前，即使只有短短不到一小時的時間，我獨處、沉澱，把這些感受都再來一遍，不再逃避，鼓起勇氣，跟著前奏音樂，向前，為了跟我一樣孤獨而想繼續戰鬥下去的人。巡迴演唱會，是一趟很長的旅程，我再次站在舞臺上，代表我今天又闖過了一關，跟每個一起聽著歌的你一樣，我是真的想過。

其他不說了，真心的你懂的。

↑ 騎摩托車載爸爸兜風。

Simply Complicated
簡簡單單不簡單

家裡多了一個成員——小公主 Charlotte，我正式當叔叔了，很開心。

說起來，我對抱小孩是頗有經驗的，因為身邊的朋友幾乎都有小孩，而我都是在他們剛出生的頭幾天就抱到了，還成了乾爸爸。我是喜歡小孩的，習慣陪伴小孩長大。但這次，當我把姪女抱在手中時，感覺很奇妙，她是我哥哥的小孩，我們之間多了血緣關係，特別

夢幻。同時，我媽一直說這小孩的眼睛和嘴唇都像我，簡直一模一樣，甚至比和我哥哥、我大嫂還像。所以看著她的時候，就會萌生「哇，我們有一樣的基因，我們是一家人」的感受，這是最純粹而簡單的幸福。

我沒想過擁有自己的家庭嗎？我當然想過要有自己的孩子，但我不能操之過急，我不想爲了達成目的，就急著找另一半，然後結婚、生小孩。雖然我已經到了當爸爸的年紀，但我規劃的生命階段還沒到，我不能急，也急不來。加上我有個原則是，不想在最忙的時候定下來，按照原計劃，我會忙到 2025 年。我也會在忙演唱會的過程中調節自己，逐漸習慣這樣的節奏，學習分配自己的時間。或許到了那個時候，我可以找到辦法平衡這一切，能有時間讓我關注自己的生活。

如今，我跨過了職業生涯的第 20 個年頭，我想，最大的人生調整是，即使現在再忙，我也儘量安排跟家人多相處的機會。他們是我最堅強的支柱，同時提醒我，我有多想要一個家。

我和大部分人一樣，需要愛情，想談戀愛，嚮往婚姻跟家庭，但如果自己真的步入那個階段，之後的人生會發生什麼變化？我不希望犧牲現在想做的事，因爲還有好多沒實現的願景，我擔心自己有限的精力難以兼顧，最終會兩邊都靠不了岸。我的個性是一旦有了家庭，我會專注在家庭，把時

間都留給家人。家應該是安定的，不是流浪的，我無法想像我跟孩子會過著住在旅館調時差的日子。

對我來說，停下忙碌的腳步，就意味著不寫歌、不開演唱會、不開公司，這樣才有可能真正停下來，為所愛的人付出。

有愛的人願意陪在身旁，真的很好，但也需要順其自然，我做好了在這時間維度裡必定有所犧牲的心理準備。現實裡，人沒辦法像電影裡擁有多重宇宙的選項，此刻的我，就是個每一天都處於備戰狀態需要面對舞臺的專職歌手。

仔細想想，如果跟一個人有牽掛，談戀愛，即使我唱了這麼多情歌，面對複雜的情感問題，我還是時常感到不知所措。從小到大，我一直都有社交障礙，別人誤以為大明星的日子光鮮亮麗，演唱會後，甚至休閒生活裡也是豐富多彩，但我本來就不是那個會在派對裡面時時刻刻都感到自在的人。大多數時候，我是維持著友好的禮貌，不希望給別人帶來麻煩。搞笑，或者耍寶都只是一種姿態，我希望朋友們都開心。就像我站上了舞臺，追求完美主義的我就希望歌迷們都能得到最好的音樂體驗。但下了臺回到房間，獨處時，自己是自由的。自由，也意味著一個人才是真正的自在。這或許很矛盾，我不想被約束，不論是在感情、家庭、友情中都不希望被束縛著。這並不代表我不願意付出，我很樂意分享與付出，但並不想變成一種交換。我想，我是害怕牽絆的。

我和哥哥小時候
vs長大後。

簡簡單單的愛過,其實一點都不簡單。

在忙碌而多變的音樂創作職人狀態中,我難有機會有時間和人走太近,一旦關係太靠近,我會需要保持距離。我想這對於任何一個想跟我在一起的伴侶來說,都是挑戰吧!或許,關鍵點還是在於,是否能遇到對的人。而我需要找到讓自己舒服的相處狀態,才有可能邁入人生的下一個階段。

↑ 小時候vs長大後。

　　在找到答案之前,在愛的這一題上,我是不會將就的。

　　在家人的眼裡,他們是擔心我的,這我明白。

　　以前剛出道的時候,我爸爸出於關心一直照顧我、提醒我,給我分享很多的經驗,我很感謝他,但所有的事情,我始終還是得自己去面對。我已經 43 歲了,我也必須要準備好,有一天可能當爸爸這件事。

Road to JJ20

這可能是我抱著哥哥的孩子時，心裡最觸動的一部分，我到了這年紀，不僅是事業上的新階段，人生也可能會有新的挑戰。

這也是我在新專輯中，嘗試以一種很誠實的態度去討論孤獨、快樂的重要原因。

我攤開了雙手 你予取予求 直到你想自由
痛苦的時候 我不會閃躲 就像樹葉甘心為春風吹落
只是簡簡單單的愛過 我還是我
簡簡單單的傷過 就不算白活
簡簡單單的瘋過 被夢帶走
當故事結束之後 心也喜歡一個人 寂寞

——《簡簡單單》

新專輯的發行，演唱會的啟動，世界紛紛擾擾，過去常常讓我感到憤怒的事情又再度發生，我明白每個人都必須先照顧好自己，才能照顧好別人。

這麼多年來，我努力地扮演藝人、創意總監、歌手、大家長、生意人等角色。可是這些角色裡，就算是包含了夢想，也沒有一個是單純為了我自己一個人而設置的。

一直以來，我都沒有好好地對待自己。

所以我更不可能有機會認真地想自己人生的規劃是什

麼。我不可能去思考成家的可能性，因為我從來沒有真正地過「生活」，我的每時每刻都是為了工作而存在。

　　我認識的一些藝人朋友是會將工作和私人時間清楚劃分的，他們至少還能擁有某種程度的上下班生活。但我的界線一直都很不明確，哪怕在我的私人時間，我也會不停地思考還能做什麼，我還能計劃什麼。

　　當然，這是自己的選擇，而我也清楚不能再這樣下去。

　　我需要給自己更多的時間，需要更堅持地去做調整，否則很容易就會被大環境再拉回到以前的工作狀態。因為身邊的人或許會替我想，或許也會告訴我應該怎麼做，但他們無法替我做這件事。哪怕是簡單的「多休息」，也只有我自己能判斷什麼時候才算是休息。

　　對我而言，睡覺不是休息，我需要的休息，是專屬於我自己的獨處時間與空間。

　　現在的我會對獨處這件事更有需求。

　　身邊的人，甚至是家人或許都無法完全理解和體諒我，他們會擔心我是不是因為心情不好，才總想要一個人待著？但其實不是的。多年積累下來，我無法擁有的獨處時光，讓我的內心變得不健康。我太習慣長年的高壓工作，這些高壓工作也包含長時間需要跟很多人協調的工作，我的時間跟空間是擁擠的，永遠都有人占領，為了往前推進度，我會讓出

原本屬於個人的時間與空間。看起來好像無妨，長久下來就像身處一個永遠在奮戰的軍隊一樣，而當我職位越高，面對的戰場越大時，我就越不可能從日常裡脫身，時時刻刻都有人會問我的意見、需要我的參與，一直忙碌，但時間跟空間都不屬於我。停下來時，就會感覺自己被掏空，好像看不見我自己，感到空虛而疲倦。

我很少把「累」說出口。我的累大部分都是心理狀態上的累，而身體上的累就是生病了。多年的演藝生涯讓我習慣要撐著，藝人本就應該習慣這份疲憊，因為即便喊累，工作還是得完成。

我很少有機會可以真真正正的休假，或是沒有壓力的放空。當發生一些直擊心裡的狀況所產生的負面情緒，這份累變得難以排解，甚至得到再多的掌聲跟肯定，我都覺得不快樂。

我問我自己，怎麼過生活才是對的？什麼樣的快樂才是快樂？所謂想要的重拾快樂，到底是什麼？我在做音樂的時候很快樂，寫歌的時候很快樂，唱歌給別人聽的時候也快樂，但真正的快樂是什麼？

我想要重拾快樂，但即使做完整張專輯，我還是沒有找到答案。

但我相信要找到它並不難，只要我願意去調整，我願意去尋找，下一個 10 年，我還有時間。

現在在演唱會開始之前，我都會要求在上臺前至少擁有 10 分鐘的獨處時間，我不希望看到或接觸任何人。我需要調整我自己，保持內心專注的狀態，專心面對待會兒的演出，思考要說的話，沉靜下來，回歸自我，找回初心。我所選擇的團隊的工作模式，會讓我需要親自把關所有的東西，也只有這樣，我才能放心將東西交出去。這或許也是我在工作中的快樂之一，但這麼做會很累，所以我才更需要自己獨處的時間。

　　在巡演期間，我嘗試單獨出去走走，不和任何人交代。哪怕只是單純的出去晃晃，買杯咖啡，買個什麼都好，就是想回到非常簡單的生活。或許有的人會認為這件事不可能，認為我一旦在外面被認出來，就會需要助理、保鑣來幫忙處理。但我所謂的一個人，就是像個普通人，被大家當作普通人看待。

　　7 月份我到中國澳門參加「2023 TMEA 騰訊音樂娛樂盛典」的頒獎典禮時，曾一個人出門，還因為走錯路，去到了另一名歌手的歌迷聚集區。我從人群中直接穿過，但沒有人發現。你可能會說，怎麼可能？如果回到真正的自己，就像蝙蝠俠拿掉面具之後的布魯斯·韋恩。走在路上的我，就像是回到自己出道以前的感覺和模樣，所以不會被認出來，即使被認出來，也不會有人相信這是我。因為這不是他們印象中的林俊傑嘛！這是我自己小小的、簡單的快樂。

我認為那是讓我找回理智的一個方法，否則我可能會瘋掉。在這點上，每個歌手都不太一樣，有些人很享受和大家在一起的感覺，但對我而言，我需要這樣的時刻，這也應該是一個常態，是一種對於愛與幸福的刻意練習。

我的人生沒有那麼複雜。從 22 歲出道到現在，中間經過了 20 年，但實際上我重複做著自己越來越擅長的事情。假設把我這 20 年來的工作歷程通通抽掉，本質上就是我 22 歲的狀態，那個剛剛退伍的我。選擇走上歌手這條路，我跳過了許多人從學校畢業步入社會後所需要經歷的人生階段。如果真的回到 22 歲，我應該也不知道要怎麼生活、怎麼找工作。我沒有這些經驗，我沒有打過工，我沒有朝九晚五的上過班，我都沒有體驗過。大家都問我是怎麼保持年輕的狀態的？可能就是因為，我一直都處在同一個人生階段裡。人生凍結了，一直做的都是一樣的事，當個藝人、創作人、新創事業主理人。

或許在我人生的下一個階段可以有新的角色出現，讓我對人生有不同的體悟，這些都說不準，但這也是我所期待的。

等那一天到來，有個對的人出現，我決定封麥不唱了，不當藝人，也不彈琴了，我可以回到這樣的生活，回到一個能自己照顧好自己，也有能力去照顧好我身邊的人，有我

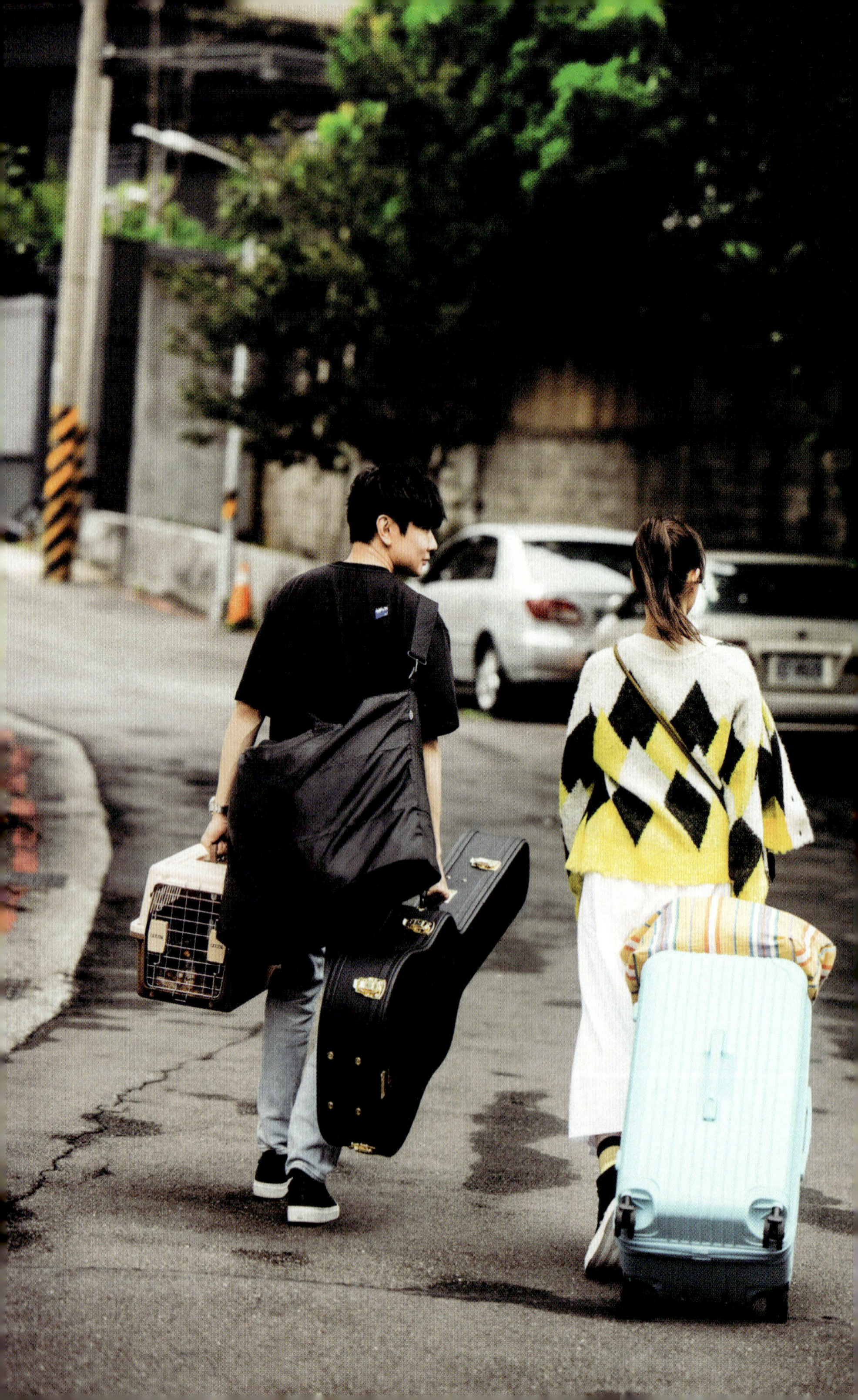

← ↑ 《一時的選擇》MV。

的另一半、我的小孩、我的家人和我的家，只是簡簡單單的愛。

想要簡簡單單，但一點都不簡單。

↓ 家人一起來看我的演出。

Perfect Bangs Don't Exist
完美的瀏海並不存在

　　我的瀏海是我的安全感,因為我覺得露額頭不好看,因此經常會下意識地撥弄瀏海來維持狀態。如果沒做造型,我就戴個帽子。造型師曾對我說,我的髮量蠻多的,即便不戴帽子也不會露出額頭,這樣反而看起來更年輕,可是我就是對露額頭這件事沒有安全感。

　　沒有安全感,對我來說是完美主義的反義詞。

我是個完美主義者。我在自己熟知的領域上涉入很深，也不輕易放手，但在自己陌生的領域裡，我願意聆聽專業的判斷。例如，在演唱會的音樂上，沒有人能夠說服我，別人或許能提出一些意見，但我會掌控最終決定權。可是在演唱會的營運上，我會關心進度，出於好奇心會問，想多了解一些，但相對而言，我是信任工作夥伴們的。

此外，我試圖做一個十項全能的工作狂。例如，現在咖啡店約有 30 名員工，對我而言，咖啡店這麼多員工配置是合理的。但在我自己的演藝事業領域裡，我一個人就可以解決許多事，因此若有人提出同樣的工作需要聘請 8 個人來完成，我就會覺得這不合理，根本不需要這麼多人來完成。團隊內的人表示不會做，我願意親自教導；若是真的能力不如我，我可以接受幾個人一起處理，但最多就是 3 個人一起分擔，而不是讓 8 個人來處理一件我本可以自己完成的事。因此，經歷過 JFJ Productions 一起工作的同事們，多半是十八般武藝樣樣皆通，後來即使離開 JFJ Productions，也都是能力與品格最棒的工作夥伴。

這也表示，團隊工作人員和我一起工作時需要承受很大的壓力。龍哥曾說，和我在一起工作最可怕的並不是工作量，而是我挑剔的耳朵。即便在演唱會現場，在那麼多音響的干擾下，我還是可以聽到音樂裡最細微的瑕疵，然後準確的告訴龍哥現在放的是哪一個版本，而我想要的又是哪一個版本。當他們把不同的版本找出來後，大家甚至都聽不出這

兩者間的差別。此時,我就會請大家重複播放這兩段音訊,反覆聽,直到大家聽出其中的差異。在音樂上,我力求完美,這是無法妥協的,而如果他們聽不出來,那我所追求的高度就會受限,畢竟整體的音樂呈現不可能是一個人來完成的,我的完美,也需要大家的完美。

面對音樂,我必須是誠實的。別人可能會問,演唱會上的聽眾能聽得出差異嗎?我不知道。唯一知道的是,只要我自己聽得出差異,我就沒有辦法接受一個瑕疵品的體驗。當然,只要一拉高標準,那麼下一次只有更高的標準。所以,能夠跟著我們的演唱會團隊,必定是最好的團隊。

團隊裡的夥伴總是對我是否需要睡眠這件事感到好奇。

因為我常在結束一天的活動後,在半夜透過訊息一口氣回覆大家所有問題。我會喊累,但我一般表達累的方式是「我這幾個月回家沒有超過 3 天」。在我喊累之後,大家會勸我休息,不要工作,哪怕給自己放一週的假。聽到大家這麼說的時候,我會覺得有道理,我真的太累了,需要休息。但隔天醒來,我又會捨不得放下工作,最終還是會選擇繼續工作。對此,大家也會問我:你到底要的是什麼?

我就是不想輕易地放過我自己。

這就是我。

← 在曼谷拍廣告。
↑ 《曹操》MV拍攝花絮

　　一旦認定一件事，我就會出奇地執著，願意付出很多讓這件事成真。如果仔細研究我發訊息的時間，或許會覺得我一整週都沒有睡覺。我可能在凌晨 3 點，也可能在早上 8 點發訊息，這兩件事分開看都是正常的，但當我連續一週既在凌晨 3 點發訊息又在早上 8 點發訊息的時候，就會不禁讓人懷疑我是不是真的一週都沒睡。

　　我的執著也體現在熱愛咖啡這件事上。我如果在別家咖啡廳看到一臺新的機器，在回家的路上就會發訊息給 Derek，請他幫忙找這臺機器，將它買回來。Derek 答應後，那我便會隔三差五詢問進度，直到確認 Derek 找到，確認需要等待的時間後，才會耐心等待機器送來。

　　他們都說，這是我的執著。但我更願意它被理解為堅持。

Road to JJ20

有時候，我會反問自己為什麼要這麼累？

但當大家勸我減少工作時，我卻不願意。身邊的朋友會告訴我，我已經出道這麼久了，足夠成功了，甚至不需要這麼多錢，這麼拚到底是為了什麼？我自己也知道，和我同期出道的藝人都開始放慢腳步。過去，或許還有人一直推著我往前，或許是我還年輕，或許是我還在上升期，或許我身後還有經紀公司，但現在，早就沒有人在推我向前了，我還是不想停下來。

我心裡有個大家都無法理解，只有我自己知道的願景，一直支撐著我往前進。雖然我會喊累，會懷疑自己，但不讓我工作才讓我更難受。

過了很久，我才漸漸了解到我是個脆弱、敏感，對情感既渴望又害怕受傷的人，而工作、創作，可以讓我透過音樂展現自己。處於創作或工作中的我，是不怕受傷的，因為我有團隊，有粉絲支持，我不孤單。這是巨大的矛盾，當我在創作裡，我覺得我可以跟任何人溝通，但回到現實生活裡，我感到寂寞、不被理解，還有不知所措的孤獨。每一個階段，我都在這樣的脆弱裡面重新找到出發的願景，10 年前是這樣，20 年後的我依舊如此。我想，我就是在這樣的脆弱中找到了勇氣。

《偉大的渺小》，說出了我的心境：沒有堅持，渺小也無法偉大。

為了這願景，我需要堅持唱下去，我知道我還能做

更多的事情。

　　支持我堅持唱下來的動力，是我眞的希望能爲華語樂壇做出更多的貢獻，讓華語音樂在國際平臺上受到更多的關注和認可。我當然知道這件事僅僅靠我一個人是不可能達成的，我也不知道要怎麼做才行，但我還是想試一試，做好自己能做的。在我看來，華語音樂還沒有得到它應有的認可，但是世界早已變得不一樣了，過去我們可以安慰自己資訊不發達，沒有社群媒體，音樂還是區域性的事，但現在國際市場上 K-pop 已經發揮了它的影響力，那麼華語音樂也沒有理由做不到。

　　另一個讓我堅持下來的原因，是我的歌迷。

　　這麼多年來，見過很多聽過我的歌的人，他們在經過這一段旅程後，人生幾乎已經和我綁在一起了。對他們而言，我存在於他們心目中的樣子，或許眞實的給了他們向上的力量。最近錄節目時，有一個驚喜橋段，節目組瞞著我從「林距離」的歌迷中選出一些優秀代表，讓他們上臺分享自己的故事。當我聽著他們說是因爲我，他們堅持下來，成爲醫生、研究生和發表了 7000 餘張照片的創作者等各種對社會有用的人時，我才發現，原來我的力量比我想像中要大。原來渺小如我，竟然可以給這麼多人助力，幫助他們成爲如此優秀的人。我覺得很感動，而且這一切也很眞實。

→ 與第一代歌迷合影。

我唱的歌大多數是虛構的，歌詞一般都是在假設，這些事我不一定都真的經歷過，也不一定是我的真實敘述，但它們都是我真實的情感。有時是某種情緒的放大版，有時是表現一種存在於世界的現象，因為我們都身處其中，在同樣的世界裡感受，音樂讓我們在一起。唱歌，需要想像、假設和演繹。但我沒想到的是，我唱的歌竟然可以影響別人的人生，這讓我覺得或許這就是我作為「林俊傑」存在於這個世界裡的使命。

　　出道20年和出道10年最大的差別是，我沒有那麼確定我的下一步該怎麼走。

　　10週年的時候，我非常清楚下一步該往哪裡走，我要玩新的東西，對於我的第11張專輯有很多想像。但到了20週年的時候，我卻不想思考這麼多。我知道接下來的我一定還是希望做一些新的東西，我也知道有很多選擇。我可以選擇半退休，我可以安定下來好好過「生活」，我可以繼續做下一張中文專輯，我可以出國進修再學一些新的東西，我可以和國際上的音樂人合作去嘗試一些新事物，我當然還可以繼續唱這20年裡的歌，並不斷改版。我有很多的選擇，但還沒有到做的時機。我希望這一切順其自然地發生，我不想再去設想未來還要和誰合作，下張專輯什麼時候發行等。我只想專心地把20週年的專輯和巡迴演唱會做好，然後讓時間告訴我，下一步該做什麼。

坦白說，這幾年我一直覺得自己是在趕進度。沒有人逼我，有時候我也不知道自己為什麼要趕這些進度，或許說到底還是自己給自己壓力。

但現在，我更希望自己能好好沉澱下來，放鬆一點，讓後續的事情自然而然地發生。

或許，我會學會自在。

完美的瀏海並不存在。

→ **Derek 說**

　　我和 JJ 一起開露營車去深山露營，山裡訊號不好，想以此讓 JJ 放鬆一下。但半夜一二點的時候竟然發現，JJ 拿出手機看訊息，甚至拿出筆記型電腦開始工作，還會在凌晨三點發訊息給龍哥，告訴他要改的內容，並把腦中的旋律哼唱錄下來發給他。隔天早上睡醒後，JJ 就會開始發訊息追問龍哥的修改進度。後來，我已經習慣了 JJ 在露營的時候帶著吉他和錄音設備。JJ 就是害怕自己需要用到設備的時候，這些東西不在手邊。

→ **龍哥說**

　　有一次，演唱會的樂手從洛杉磯飛來彩排。一般彩排時，大家就會先大致將音樂做成工作帶，讓大家一起聽聽看。結果第一次排練結束後，我將工作帶發給 JJ 聽，JJ 卻非常不高興，他表示工作帶的混音沒做好，他聽不到樂隊的細節，無法確定樂隊是否可用。JJ 還以麥可·傑克森舉例，他是在籌備演唱會的過程中去世的，而那場演唱會的彩排就成為他最後留下的回憶。因此在什麼時候都應該要做最完整的東西，無論有任何意外發生，亦可交出

完美的作品。JJ 的這段話給了我當頭一棒，我很欽佩 JJ 這種追求完美的狀態。在與 JJ 工作的過程中，我逐漸受影響，發現自己也漸漸會以 JJ 的完美標準去要求自己和身邊的人。

此外，《夢想的聲音》是我第一次和 JJ 一起在耳機裡聽一樣的聲音。令我意外的是，JJ 耳機裡所聽的是未經效果處理的聲音，而一般歌手都希望能在自己耳機裡聽到的是被美化過的聲音，來增添自己的演唱信心。之後才知道，這是 JJ 的常態，他從最初當製作助理時便是這樣練習唱歌的。JJ 相信，如果未經處理的聲音就已經是好聽的，那這樣的聲音加上效果之後只會變得更好。聽完之後我就知道，JJ 之所以會被稱為「行走的 CD」，完全是因為他就是以如此嚴格的方式要求自己，而不靠科技增色。

How to Sing　Never Learn
學 不 會
怎 麼 唱

可能很多人都不知道，歌曲在錄音室完成最後的版本以前，我已經唱了很多次，而且一開始是不會有歌詞的。

沒有歌詞，怎麼唱？

每一首歌的起點，都是先從音樂的本質，也就是旋

律開始的。在詞還沒有被創作出來之前,我對於想表達的感受或故事就會在腦海中浮現畫面,所以我在唱 Demo 的時候會注入真實的情感。此時,雖然沒有歌詞,Demo 裡跟著音樂旋律的吟唱是曖昧不明的,但我相信透過這樣純粹的形式表達,還是可以讓我們的靈魂得到共鳴,讓我們彼此了解。這是我對自己創作音樂的要求,旋律應該是可以說話的,就算沒有填詞,也應該是動聽的。

就像那些沒有歌詞的音樂,像古典交響樂一般,只是單純地聽旋律就能被觸動,因為我早已將所有的故事深藏在音符的律動裡了。或許是我比較內向、陰鬱的部分,我在創作時,是更誠實、更貼近我內在東西。而我的這一面,能看到的人並不多,不是不願意外顯,而是不知道該怎麼說。相反的是,聽我的音樂時這一點能夠被輕易察覺,進而了解我。所以當我把 Demo 寄給跟我一起作詞的夥伴時,我是有把握的,他們是了解我的人,能夠把我心中所想的畫面用詞準確地傳達出來。

記得我把《生生》的 Demo 傳給林怡鳳時,我什麼都沒說,而她聽完就被旋律觸動了,哭了。我相信她能夠理解這首歌的情緒,我是等到歌曲都製作完成後才有機會跟林怡鳳聊天,她才知道這是寫給奶奶的歌,想表達的是對於生命與告別的感悟,而恰巧林怡鳳那些年失去了幾位至親,生生燈火,明暗無軛,看著迂迴的傷痕,卻不能為你做什麼,我恨

我，躲在永夜背後，找微光的出口。她的詞，我的曲，讓歌聲有了可以依附的文字，讓生命的意義顯現，當我開口唱 Demo 時，這一切就已經清楚自明。這首歌引起不少迴響，有粉絲說，這首歌聽完讓她覺得有力量可以一個人好好活下去。

這就是歌曲的力量。我的音樂創作加上歌詞，再透過歌聲的詮釋，才能更完整地傳達至歌迷的心底。

唱 Demo 幾乎算得上最私密的一種對話，甚至在唱的時候，常常是處於一個人最純粹的時刻。

有人說，我好像都不想睡覺，但實際上，當一天的忙碌結束之後的時間才是真的屬於我，我才有機會跟自己對話，而創作的靈感也往往都是在這時候才閃現。

作詞的老師就常在半夜收到我的訊息，像易家揚老師，常常都是在進入夢鄉的凌晨兩三點收到我的訊息，我實在無法扼住這股想把歌曲完成的衝動，所以唱完 Demo 之後，我就想知道，到底會配上什麼樣的歌詞呢？易家揚老師是那個能夠馬上給我回應的創作者。我記得有一回，凌晨五點我傳了《裹著心的光》的 Demo 給他，當時連曲名都沒有，但我早上九點就收到了歌詞。他說他聽了旋律就睡不著，腦海中就浮現了：光拿烏雲揉成團，像鯨魚吻著浪，叫我和你去飛翔，人老無語後落單，別跟丟了天空沙灘，掙脫回憶壯膽，裹著心的光很暖，與你有關。原來如此，我的寂寞孤單

化作旋律後，在世界上竟有另一個人給了我回應，那種興奮感就像飛往月球背面暫時與地球失去聯絡的太空人一樣，突然間感到獲得了救贖，有再度回歸地球的希望。有個人懂，那就是最後能站在舞臺上把歌給唱出來的初衷與起點。

記得最初在海蝶時，錄音室的老師教我怎麼唱歌。他們要我以一種舒服的方式唱，他們說，這就是我的聲音最好聽的狀態。因此在我前10年的歌唱生涯中，我一直都是用這種收著的方式唱歌，是一種對聲音有控制力的、半虛音的R&B唱法。這對當時的我來說，是最安全的、最好聽的，大家也都這麼認為，甚至在我試圖轉變唱法時，他們就會告訴我，那不像我。

一直到《學不會》，我才開始嘗試做一點點轉變，在最後一段副歌嘗試以微嘶吼的方式詮釋。我坦白，或許那時我才剛開始學會在脆弱中找到安全感，能夠讓傷、累、痛和不會，用不完美的方式來完美。

影響我改變唱法的契機是因為我參加了《夢想的聲音》。在這之前，我沒參加過這類節目，他們說，我唱歌的方式不適合上節目，節目上的歌手都會飆高音，但我的唱法不適合飆高音，所以如果我去參加節目是沒有優勢的。難道我就不能飆高音嗎？如果我想飆的話，我做不到嗎？我覺得不是。因此，我開始做一系列新的嘗試和突破，恰好上節目需要我

↑ 《倖存者・如你》新歌首唱LIVE花絮。

↑ 2023年JJ20美國與加拿大巡演空檔,在紐約的錄音室錄製新歌。

Road to JJ20

↑ 2024年JJ20 世界巡迴演唱會，最終場重慶。

為此做出改編。在節目上,我唱的不是自己的歌,這些歌也不會收錄在專輯裡,它就只會在節目上放一次,我只需要做到抓耳就好了。我開始去改編、去研究、去實驗一首 LIVE 作品裡面能夠承載多少不同的唱腔和風格。透過這個節目,我研究出了新的技術和方式,而這些改變,是大家喜歡的。在往後的演唱裡,我把它們都收入囊中。

　　後來,它們都成為我行走樂壇的武器。唱歌其實就和運動一樣,當沒有去嘗試時,總會覺得自己做不到、不可能,一旦真的做到了之後,一切就變得不一樣了。通關打怪,是可以升級的。現在大部分時間,我還是會用最舒服的狀態,用我最習慣的 R&B 唱腔來唱歌。你可以說,這是我跟歌迷間的約定,在彼此熟悉的領域裡面,找到唱與聽的默契。但是當我想要有一些改變時,我有能力在作品中加入不同的元素,讓它變得更立體,成為我的一部分、我的特色,也能讓歌迷感受到音樂與時俱進的魅力。對於這個改變,我很開心,只有成長與改變,這條音樂之路才能走得更遠。

　　大家開始稱我為「行走的 CD」,他們說我唱現場很穩,但這一切都是經過長年練習積累而來的。

　　出道 20 年,每一場演出我都還是會緊張,並且我認為,我是必須要緊張的。我必須要讓自己處在緊張狀態,我的表演才會有真實感,這樣的演出才會有驚喜。所謂的緊張並

不是一種不自信,而是源自於我對於每一次演出的重視和尊重。

我想要把演出做好,不僅僅是單純地把歌唱好,而是要把想說的話、想表達的資訊,在演出中傳遞清楚。

緊張是種不理性的情緒,而表演是一件感性的事。表演者的情緒是會傳染的,我需要釋放出我的感性,才能和觀眾自然而然地站在一起,我們才能產生共鳴。如果我只單純地將每次演出當成完成功課,一點也不緊張,那觀眾也會以這樣的心態來看待我的演出。

因此,我覺得太過於輕鬆地看待演出,實際上是一件危險的事。

大部分的新人都不太理解這點,可能是因為他們的經驗還不夠,他們還沒能好好地去感受舞臺,享受這種靈魂和音樂碰撞產生的化學作用。但作為一個歌手,就是應該要去製造更多這樣的機會,讓自己去適應、熟悉這種靈魂和音樂融合的時候。乍看之下這好像很容易,但實際上需要歌手將所有技術上的訓練通通內化成身體的一部分,再放下這些技術。如果歌手自身的技術還不夠純熟,就無法這麼做。然後就是需要講究節奏感、口齒、表達,再花很多的時間,唱遍大大小小的舞臺、錄音室,甚至大自然,去熟悉自己的聲音,直到不需要麥克風、不需要耳機、不需要任何裝備和技術的輔助,都可以聽到自己身體發出來的

聲音共振後，才有可能達到所謂靈魂和音樂的共振。

對我來說，唱歌是一件有挑戰性的事。

許多歌迷會在網上說，我最難唱的歌是《修煉愛情》、《無法克制》、《學不會》和《不爲誰而作的歌》這幾首，它們的共同點是音階都比較高，而我坦白說，如果一直唱高音會很累。但我的聲音偏偏就是要稍微高一點才比較好聽，一旦一直停留在中低音域，反而會失去一點辨識度，這也是我成爲專業歌手需要做到的部分。

除去音高的問題，我在同一首歌裡的不同唱法處理也會讓歌曲變得難唱。例如《無法克制》會不斷在放和收的唱法裡變換，希望藉此展現一種自由的宣洩，這也是很難的。

《不爲誰而作的歌》的難點在於，這首歌的旋律一直在男生最容易破音的音域徘徊，而我處理的方式就是把這首歌當成一種宣洩，我不會像在唱《可惜沒如果》那版裡把它想像成是在和人對談、對話，而是不聚焦在歌詞上，單純把它處理成有一點類似吶喊。

可以說，我會用一些技巧性的方式去處理每一首歌曲，讓我能更好地駕馭它們，但在最開始的時候，我並不會用技巧去分析這首歌，而是會先和這些歌曲融爲一體，因應調整。如果單看《可惜沒如果》，它實際上是一首優美的、抒情的歌，但它在我的詮釋下，聽起來就會有種空洞和難過的情緒，在種種條件結合下，最終才創造出這首充滿遺憾的歌。

但歌就是拿來唱的，或許你也可以來演唱會，跟我一起試著唱唱屬於你的版本，或許你唱得並不完美，但也不要有遺憾，先唱了再說，對吧？

假如把犯得起的錯

能錯的都錯過

應該還來得及去悔過

可惜沒如果 只剩下結果

可惜沒如果

——《可惜沒如果》

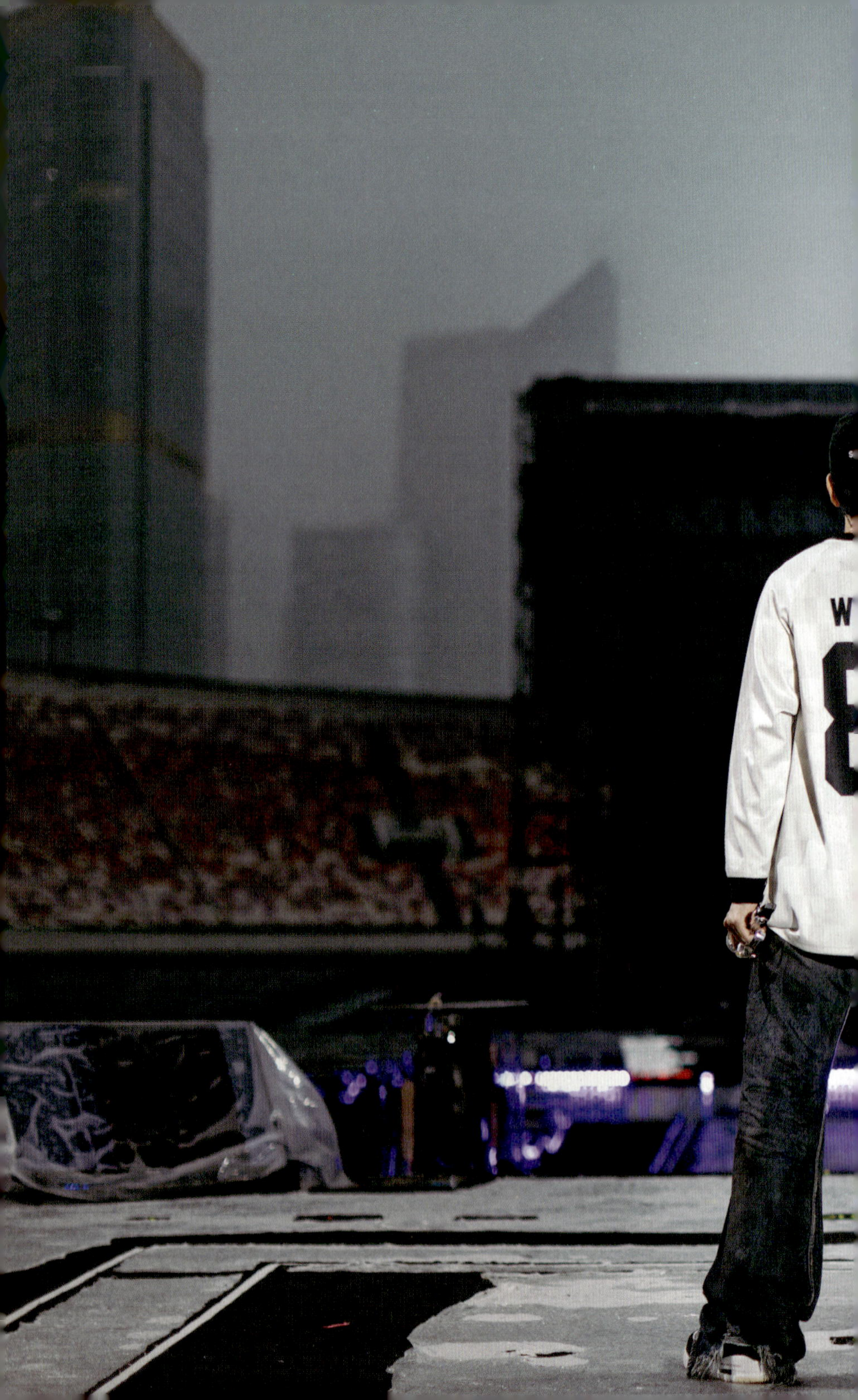

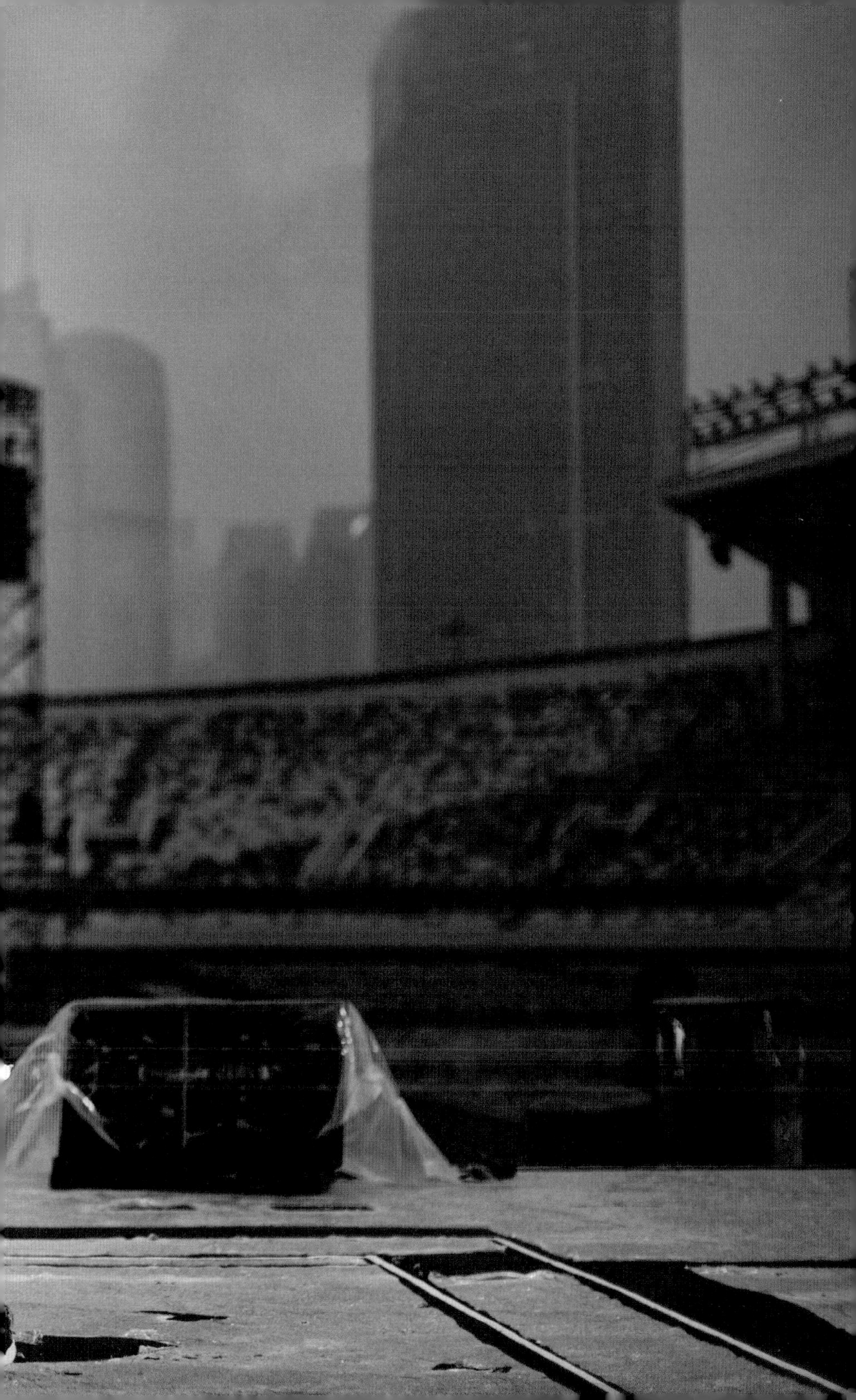

Road to JJ20 →

Act Three

第三幕

歸返,未來,下一個十年

兩個世界的主人

Return

Master of Two Worlds: Return

Castle In The Air
Castle In The Air

「Castle in the air」在《劍橋詞典》裡的翻譯是空中樓閣，空想，幾乎不可能實現的計畫。

2007 年 3 月，成立「JFJ Productions」時，十幾年的音樂長征才算是有了回歸的居所。這一路走來，並不是沒有質疑與挫折，在無常變化的音樂潮流中，選擇讓自己的創作團隊能夠安定下來，需要投入巨大的成本，承擔更多責任，煩惱也更多，除了爲自己負責，還要顧

及很多人的未來與生計。身體和心，能夠承受得了嗎？何苦呢？維持現狀不就好了？

但再偉大的航行，終究還是得有個港口可以歸港，重新出發。

哪裡是我可以重新出發的港口？20年來，我在音樂與節奏的海洋裡探索了許多可能性，靠岸、探險、再出發，傷痕累累但收穫滿滿。來到新地球，星星很閃耀，遙遠的地平線，去了被人遺忘的小島，那些用冒險編織的夢，用琴鍵和音符捕捉、釋放、分享，但終究還是會疲倦，來到需要與夥伴們回航的盡頭。

Castle in the air，我是夢想家，但也是實踐者，是該落定了。

有人問，在人生的選擇裡，如果能夠回到過去，如果真的有平行宇宙，林俊傑有第二人生的選擇，例如結婚、生子，甚至不當歌手，我是怎麼想的？這問題實際上是在問自己會不會後悔。

我認為在我的生命歷程裡是沒有「後悔」這個觀念的。「遺憾」或許存在，但這與「後悔」是不同的。

前幾年，我們有機會放慢腳步，停下來審視過往每個大大小小的選擇。我從忙碌的腳步中稍作喘息，停下來生活。我看見哥哥或者工作夥伴在婚姻或是事業中獲得成就感與幸福感，那種相對來說穩定而安全的生活，我不是沒嚮往過。

檢視自己當下的點點滴滴，或許不是最好的選擇，甚至如果是其他選項，生活也許會過得比較順利，也沒那麼辛苦，晚上也許不會失眠，也不會常常到了半夜停下來想找朋友時，卻不知道該打給誰，時常感到忙碌而孤單。但每個選擇都會帶來不同的未來，現在都是過去選擇的結果。偶爾也會想說「早知道就如何如何」，但每個人或許都該珍視自己所做的選擇，莫忘初衷，秉持本心，那些來自直覺的選擇才是最真實的，才是自己想要走的路。

我承認我是個矛盾的人，對很多事情抱有疑慮，但幸運的是，我總會先看到好的那一面，然後才是需要付出的代價。或許，這跟我從小喜歡打遊戲有關吧！遊戲中總是會有關卡、有挑戰、有魔王，但如果目標清楚，那面對的敵人是誰？有哪些路徑？可以做什麼準備？只要開始玩遊戲，我是不會輕易放棄破關的樂趣的。

當然，選擇中可能會包含不好的部分。有沒有可能讓這兩件事只有先後順序的差別，卻能創造雙贏的局面？這就像寫歌一樣，先聽到或感受到的旋律，那可能並不完美，但我可以試試看怎麼樣把曲子給做出來。別人或許只看到了成品，卻不知道我唱著、哼著，連想著走路都是對各種路徑可行性的嘗試，可能有千百次的嘗試。不是不害怕，只是不服輸，不是看不見失敗的可能性，而是我不會停止在失敗的那一刻。

Still Moving Under Gunfire，是個信念。

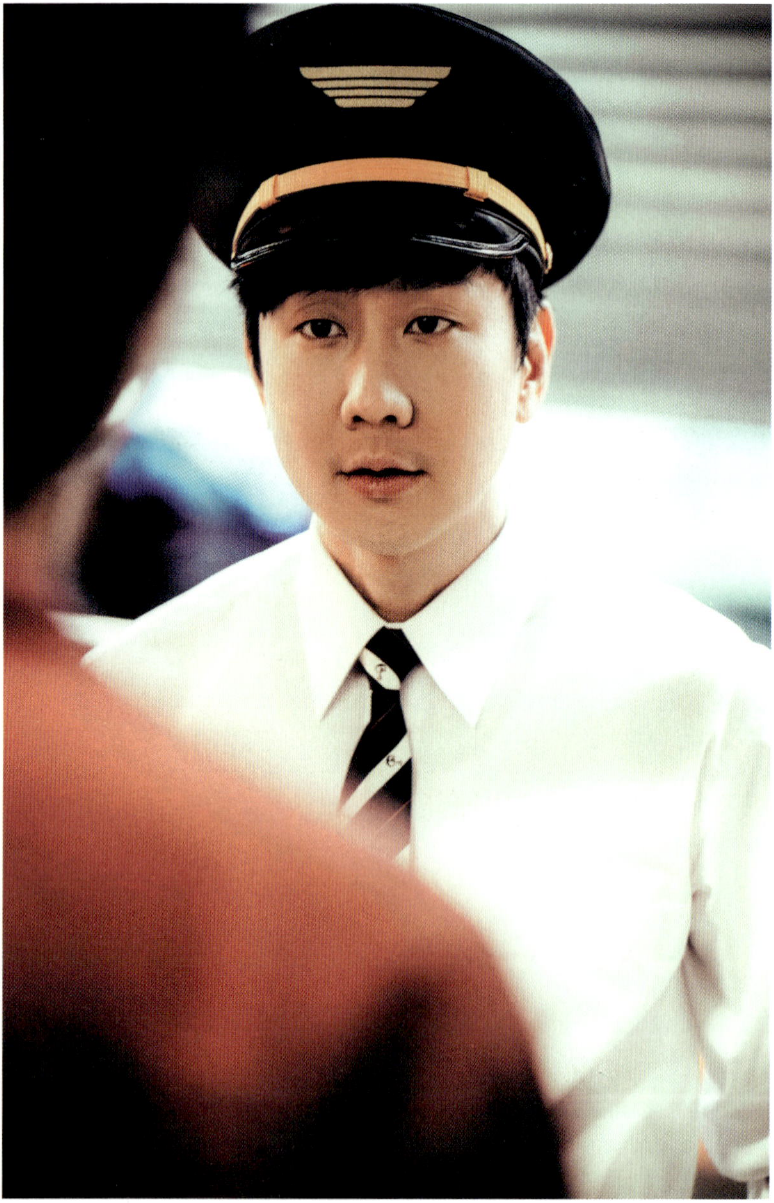

← ↑ 《如果我還剩一件事情可以做》MV 拍攝花絮。

JFJ Productions 的成立，靈感來自 2015 年播出的美劇《嘻哈世家》(Empire)，這是一部講述了紐約 Empire 嘻哈音樂公司創辦人及其家人，一步步拓展全方位音樂領域的劇集。我喜歡這部劇的音樂指導提姆巴蘭，就想透過這部劇來進一步了解他的創作想法。然而，除音樂之外，還有其他的東西深深地打動了我，劇中角色所遭遇的困境、人際關係、做音樂的歷程，讓我想起過往的日子。故事中嘻哈音樂不僅是背景，也是一種生活態度，是面對世界的方式，讓當時正嘗試開拓新領域的我，看見了新的可能。我認真想，是否能在華語音樂世界創造一個音樂基地？

　　我需要一個出發的港口，想必很多音樂夥伴也是。JFJ Productions 應該不僅僅是音樂製作的場所，更是所有熱愛音樂，想要探索音樂可能性的朋友們，能夠聚集在一起，以聲音交換彼此的人生歷程、創作和再出發的港口。我想，不管是出於天真還是好奇心，我跟自己從這個起點開始對話，有夢不難，勇敢去闖，音樂作伴，難以言說的旋律在我心中響起，又無法輕易放下。我知道，只把這心情轉換成旋律是遠遠不能滿足的，我想出發、想招兵買馬、想買裝備，想大幹一場。

　　我迫不及待想按下 Play 按鍵，那是我自己從頭開始設計的程式與遊戲，規則將由我自己來定。這不是空中樓閣，我有能力，也有決心可以讓這些想像成真。

↑ 與SMG團隊。

Castle in the air.

買下而非租用辦公場所，是決心。

我要城堡落地，創造音樂聖所，那將是新宇宙的基地。

大家都說，這個選擇是不合理的。一個歌手，幹嘛花大錢，從零開始打造一家帶有數位虛擬攝影棚和帶全套樂器的高功能錄音室的公司呢？而且，想這樣做，最好是找郊區廠房，或者租個高樓層的商用辦公室不就好了嗎？然而，這就是不同的人對未來想像的差別。我需要一個真實的，能夠聚集音樂創作者的空間，能來真的

能動刀動槍打仗的地方。5 米的樓層高度，才能放下燈光、音響、舞臺、LED 設備，讓場域變成表演中心和新媒體內容的產生地。我的夢想裡，所有的音樂創作都從一個符合未來音樂需求的多功能音樂工作棚開始。我需要這些設備與場所，容納足夠多的人才和我一起來創造內容跟演出。

選擇一樓，是希望 JFJ Productions 具有地標性和落地感。別人在了解公司的時候，認可我們的認真，明白我們把音樂當作重要產業在經營的決心。

為了支撐這樣的夢想，無可避免地需要拆掉很多的傳統框架，甚至不惜得罪一些圈內人。經過 20 年在音樂路上的披荊斬棘，現在的我已經成了許多人的前輩，我無法再跟著別人走，也沒有人可以跟了，必須改變，必須走出自己的路。沒有大公司的資金，人力也不夠充沛，我所擁有的，就是 20 年來積累下來的一切。

為了完成這個夢想，我把過往賺的錢全都投資進來。不單是硬體，團隊從開始的簡單 3 人，逐漸擴充成現在近百人，人事成本負擔比過往自己一個人時要沉重很多。我也可以選擇繼續唱歌，繼續做演唱會和發唱片，跟別的公司合作，只要抽成就好，這是 90% 成名歌手會選擇的路。但我選擇自己做，自己投資開公司，進行公司裝潢，力求完美。這個城堡是需要我親手打造的，我要為自己的夢想許下最真實的承諾。別人或許無法理解這個選擇，甚至會用「我有錢」或「我是富二代」這樣的說法來輕易定義我，這是不對

的。我感謝父母對我的信任與栽培，但從新加坡來到臺北，一切從零開始，靠著唱歌、創作，累積自己的能量。今天的我，內心篤定而踏實，Castle in the air，願與愁，都是由我來承擔、我來實現。

偉大的渺小，或許是吧！剛開始，並不是所有人都能理解。

一朵玫瑰被刺圍繞 也許它也渴望擁抱
海豚臉上總有微笑 也許淚被大海洗掉

是不讓人知道 你我幸福或難熬
好或糟 藏進外表的孤傲

其實我想要 一種美夢睡不著 一種心臟的狂跳
瓦解界線不被撂倒 奔跑 依靠
我心中最想要 看你看過的浪潮 陪你放肆的年少
從你眼神能找到 解藥
宇宙一絲一毫 偉大並非湊巧
我握的手握好 我 或許很渺小
也絕不逃

——《偉大的渺小》

一磚一瓦成形,還是需要時間,我不能說沒有焦慮與不安,而讓我真正為這個選擇感到心安的,是第一場 JFJ Productions 的線上發布會。

我找了以前電視臺團隊的同仁,許多資深專業團隊與前輩們都願意過來支援我,幫助我完成籌備工作,我確信自己的第一步走對了。然後,我又加入更多的 XR、AR 技術,最終完成了「聖所 FINALE」的線上付費演唱會。

這也表示在未來,我能進一步協助其他音樂創作者處理他們的演唱會。這可以形成一種新的音樂演出模式,在未來複製到不同國家和地區,創造一個無國界的

↓ → JFJ Productions 臺北辦公室開幕與同事朋友合影。

線上創作與演出基地。希望未來，當大家想起做演唱會時，提到臺北想到小巨蛋，香港是紅磡，北京有鳥巢，而提到線上演唱會，便會想到林俊傑打造的線上演唱會品牌「JFJ Productions」。

　　我知道這是別人沒做過的事情，不僅辛苦，還容易被其他人誤解。但我很幸運，身邊有夥伴們一起努力，開創一個屬於我們的音樂空間。記得 JFJ Productions 剛落成，搬遷入厝時，很多藝人朋友前來參觀，看了數位攝影棚和錄音室，大家都覺得很有趣，新潮又大膽，但沒有一個人鬆口說，願意來和我一起做。他們都在觀望，因為這打破了原本的經營模式，對我將要出發迎向

那狂暴未知的大海而感到擔憂。

現在，他們沒有質疑了，甚至會好奇下一步是什麼。下一步是什麼呢？我想，我會繼續跟著自己的直覺，本著初衷，勇敢地做出更多屬於我勇敢的選擇。

JFJ Productions 的元宇宙，不再是願與愁，或者 Castle in the air，它將是開創未來音樂新紀元的城堡。從這裡出發，我想促成一個新的音樂時代，線上音樂會只是一個起點。

如果你為自己的選擇感到懷疑時，請跟著我一起唱首歌吧！聽從內在旋律的呼喊，感受屬於自己的渴望。如果你還是感到猶豫，或許可以打開《薩爾達傳說》遊戲逛逛那些神廟，讓無畏的導師們告訴你答案吧！

「毋庸置疑，你是真正的勇者。」

如果有目標，就把它當作一場好玩的遊戲，在每個岔路口，做出選擇，用盡全力去完成，有何不可？

Consider It a Gift to Myself
就當作給我的一份禮物吧

這輩子，我很少開口向別人要過什麼，但這次出新專輯，我跟蔡宥綺要了一首歌，當作 20 週年的禮物。

為什麼？

因為她讓我想起 20 年前的我、終於破繭的我、像我的我。

遇見許環良和林秋離老師之前，我在新加坡參加過

↑ 爸爸陪我去參加歌唱比賽。在百貨公司參加歌唱比賽海選，唱伍思凱的《愛與愁》。

Road to JJ20

滾石舉辦的歌曲創作比賽,當時比賽的評審是李宗盛。當時,李宗盛沒有選擇我,我也沒有選擇他,兩人之間就是缺少緣分。後來不管許環良老師想用什麼方法來塑造、打磨我,前提都是一份認定,一份雙方都能夠認定與接受的緣分。

蔡宥綺是 JFJ Productions 旗下的第一個新人。

許多人問我為什麼會在這麼多人裡選擇蔡宥綺?畢竟 JFJ Productions 並不是以藝人經紀為主業的公司,卻唯獨簽下蔡宥綺。

幾年前我認識她的時候,非常驚豔於她的作品和音色,她並非音樂科班出身,沒參加過歌唱比賽,也沒受過專業訓練,所以先讓正在讀大學的她到 JFJ 製作部半工半讀。這 5 年來,她參與幕後製作,學習音樂領域的各種知識,我親眼見證她的成長。我在蔡宥綺的音樂裡聽到一些很難得的東西,一些細節。她在某方面和剛出道時的我很像,有點內向害羞,但在創作上又會主動交功課,會自己主動反思、檢視。雖然有時會想太多,但只要給予她任務,她就一定會完成。這也是當初許環良老師看中我的原因,我相信命運是個循環,必然有其規則。因此,我對蔡宥綺十分有信心,我相信她是一個可以對自己負責的人。

在蔡宥綺之前,我提拔過身邊許多音樂新人,但蔡宥綺卻是第一個讓我決定要幫她從頭到尾製作一張專輯的新人。

← 歌唱比賽冠亞軍合影
　我是亞軍。

← 我捧著亞軍獎盃。

Road to JJ20

蔡宥綺累積了不少作品，而作品也足夠成熟，是時候讓大家聽見了。我決定要做一件事，就不會再思考能不能成功，而是思考要如何成功。我不認為在音樂創作路上有所謂的天才或眼光的問題，所謂的天才只是把所有的時間都專注在一件事情上，這是一種決心。當初我走入音樂世界，放棄上大學，我有這決心，我認為她也展現了一樣的決心，所以我相信她不會失敗。

音樂創作的成功與否不能靠專輯銷售量、排行榜名次、歌曲傳唱度來決定，這些在我眼中都只能算是一種行銷手法。對我而言，更重要的是音樂本身，蔡宥綺的作品足夠好，才會將作品推出市場。蔡宥綺是個全才創作者，她原本的詞、曲、唱、編曲，加上我參與的製作，這會是一張好作品。

我明白，讓她跟我一起站在「JJ20 世界巡迴演唱會」的舞臺上的這件事，需要承受巨大的壓力，卻可以積累舞臺經驗與自信。這個做法是有一些極端，為此，我和團隊討論了很多次，我們需要承擔讓她上臺這件事背後所有的好與不好，包括正在發生的關注、批評的聲音。但這是蔡宥綺想成為歌手、藝人必須面對的挑戰，也是她快速成長時必須經歷的過程。

尤其是現在這個時代，無可避免地要面對許多來自網路最直接的批評和打擊，這跟我以前所面對的時代是完全不同的。當時透過經紀人，認識各大報刊的娛樂線或音樂線大牌

記者，很多危機都可以私下化解，但現在永遠都不知道危機會從何而來。唱完之後，甚至在表演的當下，就可能會有非常直接且不客氣的評論出現。蔡宥綺還沒出道便先經歷這一遭，但只要她跨過這道坎，我相信她會成爲非常優秀的歌手。我與蔡宥綺在這一切開始之前，深聊過很多次，我希望這是她願意去做的事，而並非是被迫。就算世界都背對著我們，作爲音樂創作者，只要清楚了解，這些擔心與質疑都沒什麼大不了，我們只要對得起自己和音樂就行。於是我們一起唱了《親愛的陌生人》、《像我的我》、《無雜質》和《釀成想念》。

每一次，我都很認眞、用力地喊出她的名字，「讓我們歡迎 Patti 蔡宥綺」。

不太遠的遠征

有好多問號和可能

不是要或不要

是害怕完美之後的餘震

那麼讓我多想一想

把如今走穩

——《親愛的陌生人》（蔡宥綺）

坦白說，我對她有信心，但還是擔心蔡宥綺的狀態，因此一直在關心、鼓勵她。

我認為自己是最理解她心情的人，因為我們有同樣的野心和對音樂質感的追求。同為創作人，我理解創作者想要被人理解和看見自己創作的心態。我懂蔡宥綺現階段需要的是自信，一種確信自己可以用音樂說服大家的自信。因此，我選擇讓蔡宥綺為我的 20 週年專輯寫一首歌，就是希望讓大家看見她的創作能力。或許歌迷們在沒聽到成品前會有些負面評價，蔡宥綺也擔心會被批評，但我仍然堅持。

我告訴她，這是我想要的，就當作是給我的 20 週年禮物，鼓勵她完成這次創作。我自己出道 20 年了，期待大家明白我的展望，而不是永遠把焦點放在我身上，也希望能在其他人身上展現我的音樂能量，這對我來說是一件開心的事。

現在的大部分年輕人都有「靠自己也可以」的心態，影音平臺盛行的時代，確實如此。不需要依靠公司，不需要前輩提拔，可以僅憑自己闖出一番天地。什麼都自己做，確實走得比較快、比較直接、比較透明、比較貼近你自己真實的樣子，但也容易迷失。

新人的困境也是如此。在蔡宥綺之前，我遇見過幾個不錯的新人，曾想簽下栽培打造，但他們都有一個共同的問題，就是心太急，覺得自己已經準備好了。也許就只是心情上準備好了，作品還不夠好。如果想要成功，10 首歌裡有 4、5 首好歌是遠遠不夠的，應該要 10 首都是好的，甚至 30 首都是好的才行。我出道前所累積下來的創作能量與曲

子，一直延伸到我的前幾張專輯裡都還在用。《編號 89757》專輯裡的《木乃伊》、《簡簡單單》這些歌，實際上都是發第一張專輯前就已經完成的作品。

可是大部分的年輕人都無法理解這個觀念。後來這些人還是發唱片了，一般就是初期成功，但無法承載並持續這份成功。能力不夠或者心態不穩的話，成功的滋味反而很容易傷害到創作的本質，這條路就可能走不長遠。這是很可惜的，因為他們都是很有潛力的，只是瓶頸期時，沒有人可以幫他、告訴他，而他或許也不願意聽。才華是入門票，但當藝人最重要的是心態。不能自我感覺良好，要允許更多不同的聲音，多一點相信前輩的提議和建議。

因此，我還是相信緣分，我如果沒有遇上好老師，而這些很好的前輩也沒看上我，我是無法走到今天這個位置上的。蔡宥綺的出現，讓我有機會面對下一個階段的挑戰，轉換角度與身分後，對我而言是一份傳承，也是對未來的期待。

蔡宥綺真的給我寫了一首好歌，我想我們都是彼此之間，一時間最好的選擇。

就算我只是你的 一時間的選擇
青春裡的過客
有過感動的片刻 我比誰都深刻
可能 你永遠不懂得

你對我多獨特 唯有你才是真的

我想著你 寫下了這首歌
偷你的喜怒 加上我的哀樂
一直 唱著 唱著
有你的故事 安放我的哀樂
窗外 天色 亮了

——《一時的選擇》

　　我很珍惜，也明白，未來的路，我不再是一個人獨行，跟我一起走向新願景的人會越來越多。

　　這是 20 週年最好的禮物之一。

AI & M.E.

10 年前，我開始了一個創造我的虛擬分身的計畫，我把它取名為「M.E.」。我想做個實驗，把自己虛擬化，創作一個 3D 版的、和我一模一樣的「我」，讓這個虛擬分身可以幫助我「玩」內容，讓我可以和自己對話。除此之外，我也希望，如果有一天我不在了，M.E. 可以繼續維持我的肖像和內容，繼續陪伴著愛我的人。

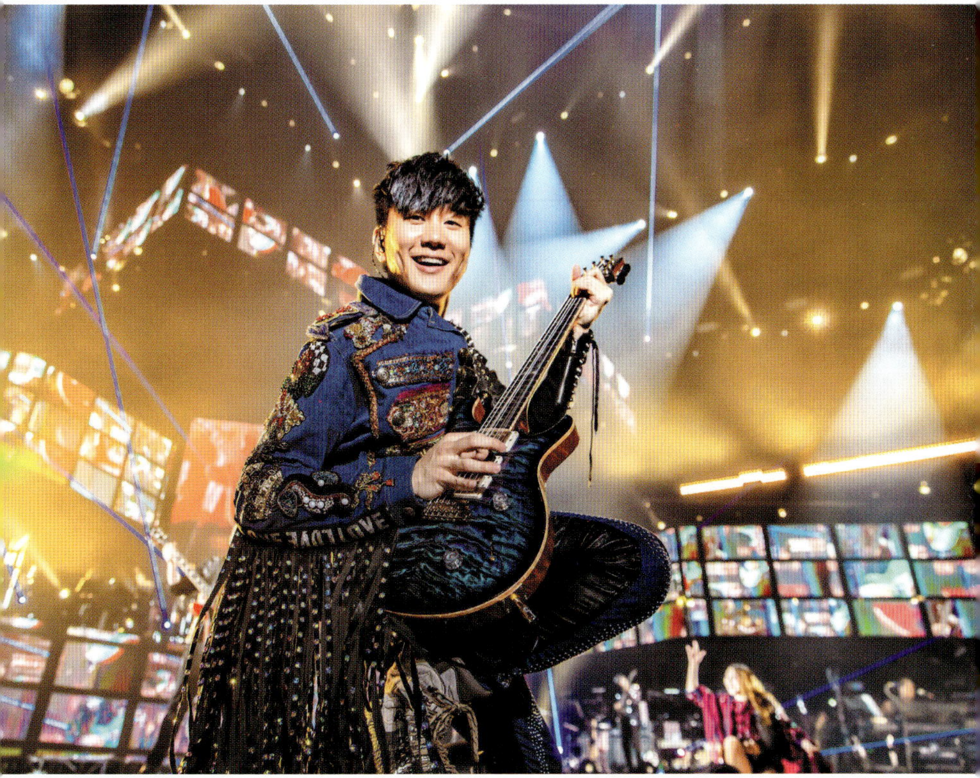

↑ 第一次在聖所舉辦線上發布會。

　　我知道 AI 總有一天會強勢進入創作市場，這是人類發展中無法避免的事。但我也思考，有了 AI 之後，我們還要創作嗎？

　　我想，還是要的。

　　AI 是創作者無法逃避的問題，比起會不會被 AI 取代，我更擔心 AI 會被有心人拿來利用，做不好的事情。至於 AI 在創意方面的影響，我認為創作之所以美好，是因為它是建立在人的靈魂之上的，是有溫度的。以 AI 進行創作，就是讓 AI 透過學習很多不同的人的故事

Road to JJ20

和情境，用計算的方式，將一切整合出來，變成一個看上去很真實的創作。我絲毫不擔心 AI 成品的真實性，它絕對有辦法做得很真，甚至比我們做得更逼真，以現在科技的先進發達，這點絕對可以做到。

如果有那麼一天，聽眾無法清楚分辨虛擬與真實，真人音樂或許就相對不那麼被重視。聽眾也不是有意為之，他們只是被發達的科技改變了聽歌品味，變得再也無法分辨虛擬和真實的音樂作品了。這點其實類似串流媒體平臺的崛起，人們只需要付低額的月費，就可以無限免費聽音樂。音樂因此變得更普及，但同時也改變了聽眾對音樂的價值觀判斷，讓他們產生「音樂應該是免費」的錯覺。我在乎的是，這件事對許多新人的影響很大，他們需要靠音樂賺錢，才可以支撐他們繼續做音樂。

AI 的出現，勢必會改變整個音樂創作的生態，但我相信隨著科技的發展，AI 在未來一定會給這個產業帶來一些正面的影響。就像當初 Auto-Tune（自動調諧）的出現也改變了我們創作音樂的方式一樣，讓音樂創作變得更方便更好聽。

比起 AI 將會如何改變音樂產業，我更好奇它的出現將如何重新定義明星與公眾人物。

在「聖所」世界巡迴演唱會臺北站，我曾經和 M.E. 進行互動，比拚「誰才是正牌 JJ」。和 M.E. 互動的時候，M.E. 說 M.E. 可以做到我做不到的事，然後變出我不敢吃

的番茄,甚至讓現場下起番茄雨。在這件事上,M.E. 確實比我勇敢,但不論 M.E. 再怎麼像我,M.E. 的聲音無法與我比擬,也無法自主。在 M.E. 的背後,需要一個眞人去演 M.E.,去模仿我。未來在 AI 科技的發展加持下,我相信 M.E. 很快就可以眞的成爲另一個我。說不定在不久的將來,也可能就是明年,我就可以眞的擁有一個自己的虛擬分身,可以和 M.E. 一起直播,讓 M.E. 可以在脫離眞人的驅動下跟我對話。

編號 89757,你把我 turn on 的那一天,新的對話方式會產生,音樂也會,對未來科技感到好奇的我和 M.E.,我期待這樣的新世界到來。

↑ 我畫的《樂行者》的封面。

自　在

Free

Freedom: Change

苦得說不出話的奇蹟

Miracles Born Out of Suffering

　　咖啡是苦的,我過了好久才明白這份苦,是有意思的。

　　我是新加坡人,自小習慣了早上喝加了煉乳和糖的 Kopi O(黑咖啡),而 Derek 最早喝的則是加了巧克力的摩卡。

　　我給自己煮咖啡,是在比我懂得唱歌,當一個歌手還要更遠的以後,至今想起來,我都覺得是人生中一個

意想不到的奇蹟。

「JJ20 世界巡迴演唱會」是意志力的馬拉松，從開始籌備就有很多困難需要克服，但我跟 10 年前的我不一樣了，有很多工具來協助我度過難關，煮咖啡竟然是其中一項。煮咖啡的器具現在跟著我在演唱會的後臺到處跑，每巡迴到一個城市，我都會找空檔煮咖啡給大家喝。演唱會偶爾休息的空檔，我會去找附近的手沖咖啡店，為的就是去看看有什麼厲害的技巧、好的咖啡豆，或者是我沒見過的咖啡器材。

煮咖啡，讓我可以暫時從歌手的身分轉變成咖啡師，就像平行時空的我。煮咖啡，讓我能夠按下忙碌日常挑戰中的暫停鍵。當心情不好或是碰到困難、想事情的時候，我就會選擇煮咖啡。不一定會喝，但只要煮咖啡，我就可以有 3 到 5 分鐘的時間專心煮咖啡，我透過這段時間來調整、沉澱、確認自己的想法。煮完咖啡之後，我能找到另一個方式和大家溝通，一起解決問題。

說它是帶來奇蹟的咖啡，也不為過。

這一切要從跟 Derek 相識說起。Derek 是演唱會的營運總監，我們因為一起打電競遊戲而認識。基於對 Derek 專業能力的信任，2012 年我規劃巡演時，我們便開始合作，至今都很順利。他當時經營了一間咖啡店，有一段時間我跟懷秋常去。

我愛喝咖啡，但胃不好，只要喝得太濃就會不舒服。有

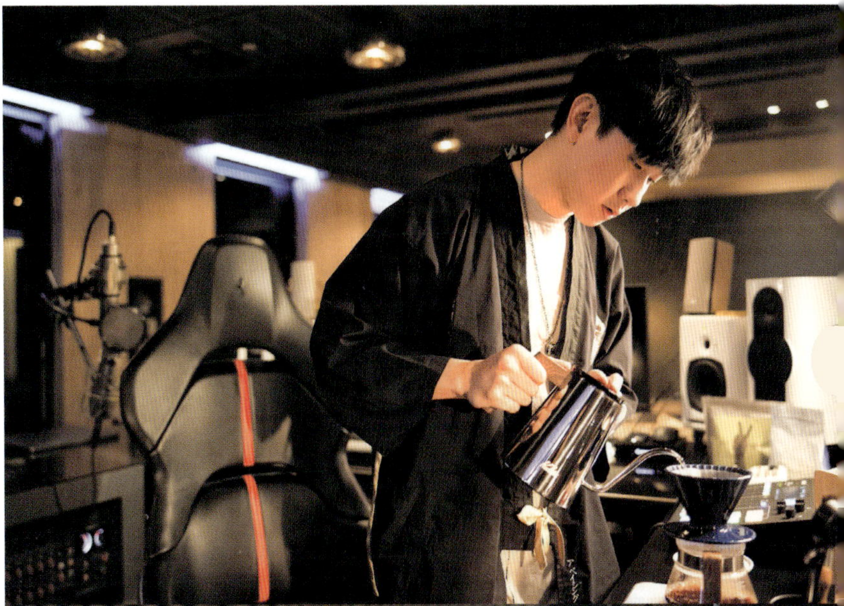

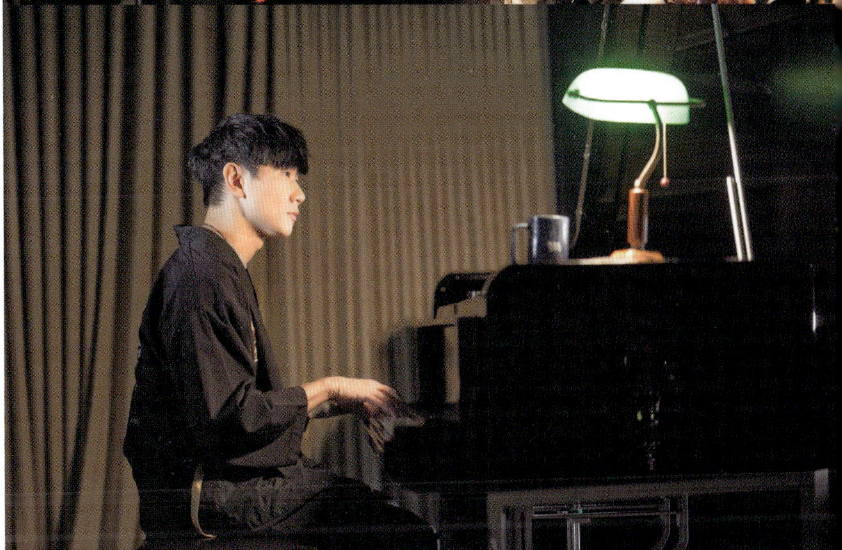

一次我在 Derek 的咖啡店連喝了 3 杯，回家後卻發現自己的胃沒事，反而很舒服，這讓我感到好奇。那是我第一次接觸到手沖咖啡，我覺得十分有趣，於是開口詢問咖啡師：「你們這樣做和別人做的有什麼不一樣？」咖啡師就親自教我。我學了對方的標準流程，步驟、原料完全一致，只是煮咖啡的人不同。咖啡煮出來後，差別很大。煮咖啡就跟唱歌一樣，不同的歌手詮釋同一首歌曲，是截然不同的感覺。我開始研究煮咖啡，還有了癮頭。

2016 年，我想成立自己的咖啡品牌，問 Derek 有沒有意願參與。Derek 決定把他原有的咖啡店人員和技術與工具都轉給我，因為我們的理念非常吻合，我們都不希望這是讓大家來吃甜點的網紅咖啡店，而是專門做咖啡的精品咖啡店。我理想中的精品咖啡，是讓每人每天都能喝得起、喝得到的精品咖啡，而不是來到咖啡店以後，還要耗費一小時，等待咖啡師一一介紹後才能喝到好咖啡。

這也是我們能成功說服店裡咖啡師留下來的重要原因。我願意用自身的影響力來做咖啡、推廣咖啡，而不是單純想以咖啡來盈利。

其實，我們和所有人一樣，剛開始喝咖啡的時候，都覺得咖啡很苦。

我是在很久以後，才逐漸被咖啡師教導如何喝咖啡，什麼樣的咖啡才算是好咖啡，告訴我咖啡的風味和原理。可見，喝咖啡這件事是可以後天培養的。

我們在咖啡品牌這件事上一拍即合，我們在咖啡不應該加糖這一點達成共識。

我們最需要關注的是，如何讓大家在很快的時間內喝到好咖啡？我們花了很多時間在研究到底要怎麼做，才能讓咖啡師在最短時間內做出一杯好咖啡給消費者。現在 Miracle Coffee（奇蹟咖啡）的咖啡師，為了應對上班族的需求，已經可以在短暫的高峰時間內做出兩三百杯咖啡。

Miracle 這家店主打的是咖啡，不是我。

因此，所有關於 Miracle 的宣傳都圍繞著咖啡本身展開。有趣的是，Miracle 開業 3 週年的時候曾經舉辦活動，一直到那時，許多喝了 3 年的老客戶才發現原來這家店的老闆是林俊傑。

就做演唱會和開咖啡店兩件事來說，我最明顯的變化在於我以前可能會很糾結於「我到底是要做來讓大家喜歡？還是要把我的初衷做好？」，比較擔心自己做的事會不會讓粉絲不開心，或是自己的選擇到底符不符合市場。出道 20 年，就一個歌手而言，我希望讓大家都滿意，其實不論我做得有多好，總有人會不滿意。多年過去，我的心態轉變，我不再擔心是否會得到大家的認可，而是堅信只要把自己的東西做好就好。

Miracle Coffee 大概就是檢視我自己轉變的一個重要里程碑。我曾經擔心過自己的咖啡店是不是沒有辦法開很多間分店。以前我會有一種「不管做什麼，都要做最大，要轟轟

烈烈才是成功」的想法。但現在，我清楚自己的想法，認為既然要做，就要做好的，然後為此付出我應該付出的執著與努力。咖啡店如果想盈利賺錢，最快的方式應該是做一家主要面向粉絲的咖啡店，但我沒有這麼選擇。並不是我不喜歡自己的粉絲，而是我覺得他們會長大，我不能一直做可愛的東西滿足他們，否則他們會單純因為「這是林俊傑的」而買單，無法理解咖啡的好，無法理解苦味所帶來的深度。我相信我的粉絲在逐漸成熟，或許步調沒有那麼快，但我清楚知道經過了 20 年，我們都在長大，不會一直是國中生、高中生。我也需要對得起這份喜歡，拿出好的東西來回饋這份真心，這是我僅有的、能為「我們」做的一點小事。

　　這一切，可以從開一間我真心覺得好的咖啡店做起。現在咖啡店的拓點也是保持著這樣的心態在逐步進行。

　　Miracle 並不搞加盟，而是在到各個城市後，如果緣分使然，能認識到一樣喜歡咖啡、志同道合的人，才會決定一起做咖啡。

　　我對咖啡店的心態是：對的地點、對的人、對的團隊。我並沒有開放大型加盟的打算，否則以「明星品牌」，一年內或許可以開上百家。地點上，我也沒有侷限在中國和新加坡，如果在英國能有合適的人和地點，我不排斥。我理解一旦做了這個決定，就無法很快地在全世界開很多間。我沒少為 Miracle 做宣傳，但我在做這件事的時候，沒有把自己當

成林俊傑，當作一個歌手。

我就是想做一個能做好咖啡的普通人，一個專業的咖啡師。

這也影響到我看待自己音樂事業的心態。

10週年的時候，我會一直看網上的評價，試圖想要去滿足大家，成為大家想看到的我、常唱大家想聽的歌。現在20週年，我變得比較固執，堅持自己的做法。很多我的「鐵粉」或許會說，我已經不是以前在體育館裡，大家想要我唱什麼就唱什麼的我。這次在「JJ20世界巡迴演唱會」上選擇以《記得》做開場曲，或許這不是最合適的選擇，但我堅持認為這是我的起點。這場演唱會上，我想說的就是自己這20年來的故事，選唱的歌曲也都是為了符合這個故事，不是單純唱大家想聽的。

我認為，只要我做好自己，歌迷們會慢慢懂得我要說的是什麼。

我每天有喝咖啡的習慣，但如果沒有好咖啡，我寧願不喝。

我享受慢下來品咖啡的過程。

所謂品的過程，就包括了要去了解對方到底在做什麼？在喝什麼？吃什麼？這些東西背後的故事又是什麼？為什麼這個人沖的咖啡是這樣？另外一個人用同樣的豆子、同樣的指數，沖出來的卻是不一樣的味道？這一切都需要去了解對

方的故事，去了解其中個性化的差異與獨特。這和做音樂是一模一樣的，同樣一段旋律，用吉他或鋼琴演奏會有不同的效果，甚至不同的人彈出來也有不一樣的效果。同樣的一句歌詞，每個人都能唱出不同的情感，這一切都需要去細細品味，才能分辨得出來那些細微的差異，才能感受到那份美好。

我期望自己做一個有品味的音樂人，在苦裡面淬鍊出人生奇蹟的人。

↓ 在Miracle店裡喝咖啡。
→ 一杯手沖，調和生活的節奏與味道。

↑ Miracle Coffee（奇蹟咖啡）新加坡店開幕。

Good Days of No Work
沒 工 作 的 好 日 子

　　我已經好久沒有工作了。

　　2022 年,接到了一個邀約,幫遊戲寫曲。在很短的時間內定方案,找了好友懷秋寫詞,自己編曲、配唱,一下子就忙碌起來。

　　我想很多人都是這樣,沒工作會感到不安,只要有工作了就開心,不管未來的日子是不是又忙到昏天暗地。

疫情期間停下來，是不得已，但仔細想想，也是好事。

上一次有這種感覺，是什麼時候？是 20 年前了吧？

我記得，在後臺看著舞臺上阿杜的身影；我記得，當他上臺後，臺下鼓動的掌聲。

我跟阿杜是一起在新加坡參加比賽的，我們都選了張學友的歌，他唱《情書》，我唱《三天兩夜》，入選後一起參加培訓，也是同期裡最後的倖存者。後來，我去當兵，阿杜則比我早出道 2 年。海蝶要開創新局面，真的不容易。服完兵役之後，我來到臺北，有很長一段時間都在當阿杜的助理，也當過一陣子室友，跟著他跑演唱會。嚴格說來，我沒正式工作、沒有名片，忙碌於工作只是不想讓自己閒著。如果想像自己的音樂事業一直沒有進展，會覺得慌。看著阿杜的背影站上大舞臺，心裡踏實點，覺得自己還是在這條音樂路上努力著，沒被忘記。即使只是做些買便當、跑腿的雜事，但閒暇之餘，從沒停止寫歌。

→ 與師兄阿杜、許環良老師。

阿杜和我的關係比較像是兄弟。

當時我跟著他，就和現在我身邊的阿信、阿龍是一樣的。我一直在學習、模仿他。記得有次演唱會試音，我特意模仿阿杜的唱法，許多人都以為是他提前到現場彩排，我有點小小得意，那是給我自己的鼓勵。我覺得既然是試音，包含聲域、節奏越接近阿杜，對於其他技術工作人員來說，也越能調整到最完美的狀態，這個想法也影響到我後來看待自己的音樂準備工作，不論是彩排，或者錄製 Demo 帶，我都以成品的標準來要求。一開始有些工作夥伴或樂手可能會感到不適應，認為還沒到正式開唱，幹嘛這麼認真。坦白說，回到那個起點想想，或許當時的我就是有一點不自信，覺得如果這次沒做好，還會有下一次嗎？況且在場有那麼多同行老師聽著，都在觀察著我這名不見經傳的毛頭小子，他是誰？所以，只要能唱，每一次都必須是完美的，至少是當時我能做到的極限。

不過，在那等待發片的前期，我是無名小卒，也不會有人記得那個唱得跟阿杜百分之百一樣的試音員是誰。對他的歌迷來說，我只是阿杜的助理，就是這樣認定。當阿杜在大陸跑活動的時候，我就跟著跑；開小型演唱會，我就當小嘉賓。我那時唱歌也唱不好，不穩、會走音，但仔細想想，或許也是心疼當時那麼辛苦的自己。20 年，走了一圈，我回到起點，開始當起新人眼前的背影，這是一份責任。每個人都是需要經歷歲月的洗禮才成長起來的。

發行第 1 張專輯時，公司在宣傳上投入了很大的心力，但迴響不如預期，至少是比不上當時人氣火爆的師兄阿杜。我感到沮喪，用心準備了這麼久，應該能更好的。我記得跟著阿杜到北京的 JJ Disco 俱樂部的慶功宴上以特別嘉賓的身分表演，那應該是我在大陸正式演出的起點。接著去上海宣傳，可是即使是托了人脈，記者還是不知道我是誰。阿杜理解我的焦慮，他話不多，但始終支持著我。他的專輯裡面會有我的曲，讓我感覺到我不是一個人前行。

　　那是一段很特別的時期，我有擔心、害怕、猶豫，但總是有人幫我出主意、扶持我，貴人相助的感覺讓人安心。許環良老師、林秋離老師，都盡心盡力替我著想，相信我的音樂才華終有一天會被大眾理解。在這樣的鼓勵下，我拚了命地跑宣傳，不主攻大城市，3 個月內跑了 26 個縣市，規模再小，我用心用力地唱，在書店、百貨公司，沒有燈光效果，一切自己來，不像如今在體育館、運動場裡唱歌。幸好，做足功課的學生，最終還是獲得了肯定。

　　回到臺北，開始準備第 2 張專輯。包括阿杜，我們坐下來好好談過想法，我認為我是很虛心地想找出改進的方式，想追上阿杜的腳步，但就像剛開始他唱《情書》是用了最不像張學友的唱法，也表示他很早就找到讓自己有辨識度的定位，雖然我可以模仿，但我自己是什麼？我不清楚。我們把 2003 年銷量好的專輯，都拿出來仔細比對，最終歸納出了兩個原因：第一個是我的歌詞太淺顯，對聽眾而言不夠深

入，缺乏咀嚼感，這部分林秋離老師能幫得上忙；第二點是他們覺得我的個性太乖巧，像學校裡受老師喜愛的模範生，但同學反而喜歡叛逆小孩。哈，怎麼說，當時的藝人是很看重包裝的，而這些標籤很少是從藝人本身來提煉，往往是市場定位決定。我禮貌、守規矩，但調皮、愛玩，跟一般年輕人一樣，而且我很愛玩遊戲，簡直可算是個 Game Boy。

於是，我提出想參與專輯中《子彈列車》與《第二天堂》歌曲的製作，為此我還去玩了遊戲《天堂 II》，爭取到了第一個遊戲代言，讓歌曲和遊戲真正結合。我漸漸找到了獨特的路，往後的我都是帶有一點點遊戲心態，讓歌曲變得有趣、好玩，至少是我一開始給自己找到的定位。

《江南》是我去西安看過兵馬俑後所寫的曲，這首歌雖然推動了我早期的成功，但其實整個創作過程相當曲折且令人不安。主要原因是，這首歌曲的定位和詮釋，對當時還是新人的我來說，有太多種可能性，誰都不能確定。記得公司的宣傳部在專輯發表前邀請媒體記者、電臺 DJ 來試聽，就是現在的盲測，得到的回饋是我不應該唱《子彈列車》、《第二天堂》這樣的歌，應該唱《距離》這類的抒情歌，認為整張專輯裡最難聽的歌是《豆漿油條》，而大家統一討厭的歌是《江南》。很難相信吧？20 年後，大家都是事後諸葛。我在演唱會的歌單中，幾乎沒辦法剔除《江南》、和《子彈列車》、《豆漿油條》，因為是大家都熱愛的歌曲，甚至能跟著一起大合唱。反過來說，這也是當時大眾甚至專業音樂人對

我的認識不清晰，對我的想像不一致導致的。

不過阿杜、許環良老師聽了《江南》之後，都覺得歌曲有種說不出的魔力。我想，或許是因為他們才是真正了解我的人。對我來說，在音樂創作的路上，能夠先遇到知音、伯樂是非常重要的，這需要有品味和高難度的專業判斷。一個新人沒有這些指引與做決定的勇氣，就幾乎扼殺了夢想啟航的可能性。

阿杜當時站在高點上給我指引方向，同時也讓我看見一個藝人的為難之處。當年他最紅的時候，公司說要給他開最大型演唱會，他開始心悸，因為壓力導致身體不太好，我送他去醫院就診，我一直明白阿杜的困難，他比我還內向，萬人演唱會讓他有了恐慌症，最後可能選擇不辦。我看著這一切就在想，如果有一天能擁有這機會，我一定要好好把握。

但等我自己站上舞臺了，才明白當時阿杜所承受的，是站在後臺僅僅想要享受掌聲的我，遠遠不能理解的。我現在還是會怯場、會恐慌、會不安、會擔心，你說周而復始的巡演，應該早已習慣了吧？但追求完美的歌手，永遠不會停留在舒適圈裡，下一個挑戰，總是更大、更遠、更複雜的演出，前方總是有困難、有挫折的，甚至讓人想逃避。

2018 年上海，「聖所」世界巡迴演唱會的第一場，我發高燒到 40 度。當時真的快不行了，去急診住院，打類固醇，差一點取消演唱會，但最終我還是硬撐著上臺演出。因

爲歌迷朋友都買票來聽我唱歌，不能讓他們失望，一定要履行約定。那 3 場的演唱會是我經歷過最痛苦的演出，完全控制不了我的聲音，不斷破音。或許沒能給到場的歌迷朋友們最好的視聽體驗，但我盡力了，沒放棄。

我想過，什麼時候該停下來，跟阿杜一樣，組個家庭，有了孩子，當爸爸去。

我跟阿杜現在相聚比較少，但每次一想起他，都提醒著我的起點、初衷，以及他的理解與陪伴。

想起那段沒有工作的好日子，擁有最多理解與支持的夥伴們，自己真的很幸運，雖是資源最少，但那是最不孤單的一段時光。

曲終人不散，因爲你們都在。

↑ 2005年專輯發布會。

→ 許環良老師談《江南》

我聽著《江南》的旋律，看著《江南》的歌詞，感受到的第一個考驗是，原版的歌詞與旋律不太符合。JJ 寫的《江南》A 段旋律聽起來像是個循環，這首歌要表達的應該是文化交疊、時間交錯後的錯亂。當我和蔡政勳老師溝通編曲時，便希望他朝這方向處理。到了配唱時，歌詞不過關，又找來林秋離老師寫詞，林秋離老師一個晚上就將歌詞寫好。

過了歌詞這關，又面對第二個考驗：該如何向 JJ 解釋歌詞裡的意思？從西安兵馬俑到江南，對 JJ 來說，這是跨度極大的嘗試，像是不同的意境與故事。我們討論了好久，才順利配唱出符合詞的故事感。第三個考驗，就是編曲的間奏，這是通過隨機採樣找人吟詩完成的，配唱之後，感覺始終不對，經過反覆調整，才成就了現在大家熟知的《江南》。

我帶著這張專輯到美國去做混音。在回來的飛機上，跳脫製作人的身分，再聽一次，突然覺得《江南》有種魔力。為了確認這種感覺，我拿《江南》給阿杜聽，阿杜也認可。我覺得《江南》是專輯成敗的關鍵，可惜的是當時的大部分人都不認同我。他們認為《江南》的旋律是寫給年輕人聽的，

但詞卻是寫給老年人看的。當時，我無法明確說這首歌為什麼好，只是覺得這首歌有種莫名的未來感，很潮。原本這第 2 張專輯叫作《第二天堂》，但因一些原因需要更換專輯名。在我的建議下，便以《江南》之名在大陸發行。我們選擇將這首歌免費授權，讓大家都可以用這首歌作手機鈴聲。我記得當時整個北京三里屯的人彷彿一瞬間都在聽《江南》這首歌，JJ 隨之在中國爆火。後來，《江南》紅回新加坡和馬來西亞等，在那個沒有自媒體的時代，大家都是靠聽電臺節目和看報紙來獲取訊息的，JJ 返鄉過年時發現身邊的親友竟然都知道這首歌，可見當年《江南》的火紅程度。

20 Years to Rediscover Happiness

我用20年，
重拾快樂

　　20年，好快。

　　我很喜歡克里斯多福·諾蘭的《星際效應》。對我來說，時空折疊並不是無稽之談，每次登臺演出，在歌單中唱頌的每一首歌都標誌了一個時間段的自己，但即使是同一首歌，在時空的凝視中都映射出不一樣的角色。20年後，當我做新專輯時，我常常會感覺到穿越時空

的黑洞來到另外一個維度，我得以用不一樣的角度來審視，我是現在，是過去，也是未來，屬於我的願與愁。

前 10 年，我在製作專輯時，說的多是「別人的故事」。後 10 年我學會了聚焦在講述自己的想法、體驗和過程，我不再追求「第一名」，但創作仍是完整的，一體的。

相對音樂創作，個人的生活像是坐雲霄飛車，是被拖著走的。直到近 3 年，或許是我更成熟了，我發現不管自己的情緒如何起伏，世界的運轉也不會因此而改

變。有些對自己重要的人逝去了、不在了、謝幕了，像是林秋離老師的離去，即使難過，生活還是要繼續往前走。因此，學會看開，讓自己逐漸達到內心的平衡，要更豁達地面對這個世界，而不是束縛在自己的世界。這當然也影響了我的音樂創作。

這次 20 週年演唱會裡，我發起了「#roadtojj20」的 hashtag，但這條路的終點在哪裡並不是最重要的，重要的是如何在這條路上找回快樂。我想知道找回快樂需要什麼代價，要去掉多少雜念才能讓自己找回初心。

仔細想想，這只是一段新旅程的開始，來到這裡，不是終點站，坐在這 JJ20 的分界點上，後面的旅程該往哪裡走？站牌上有許多可能性，這張專輯的音樂創作，彷彿就是在這些未來的旅程裡捕捉可能性，期望那通往未來的站牌能顯示答案。

這個分界點的站名是什麼呢？

我最渴望解答的問題是什麼呢？

在這裡，我想遇上什麼樣的人事物呢？

在這裡，我想講什麼樣的故事呢？

重拾快樂，是我在這一站駐留時，從心底湧現的聲音。

一瞬間，那站牌上隨著音符，浮現了一連串通往未來的名字。

Road to JJ20

《Dust and Ashes》這首歌一開始沒有中文名字,虛無縹緲,該這麼說嗎?我在寫這首歌的時候,腦中的第一個畫面是類似泛著金光的仙塵(fairy dust),但後來決定把 fairy 拿掉,改為「Dust and Ashes」。光看字面或許會覺得這首歌是灰暗的、沒有光彩的,但實際上我想表達的是人生如微塵。在生活裡,不管是陽光普照,還是傾盆大雨,我們都能看到灰塵,甚至在陽光明媚的時候,灰塵會更顯眼。沒有灰塵,我們反而不容易看見光線的形狀,也捕捉不到方向,是那些微塵讓無從捕捉的生命顯現出光彩。人的一生中會看到很多負面的東西,或者來自挫折,或者是命運的無常,但哪怕是渺小如塵,那都是人生,你我終會淪為塵埃漂流,等待花季煙雨稠,再化降水駐守,屬於你的願與愁。

《孤獨娛樂》這首歌的英文名是《Happily, Painfully After》。童話故事總會以「happily ever after」結尾,但現實生活很少從哪一刻開始是永遠快樂的,還是會痛吧!但也還是會快樂。我特別喜歡「孤獨娛樂」這四個字,痛心疼快樂,不是嗎?痛與快樂一直是並存著,人人都羨慕「快樂」,但人人都不喜歡的「痛」竟然會心疼著「快樂」,因為快樂的背後是那些不為人知的酸澀與付出的代價。20 年,必須經歷痛和低潮,才能得到快樂。

痛與快樂是一種對話,為什麼你無視坎坷?世間有著這

麼多的災難，我們該怎樣才有機會找到快樂的理由？疫情是個很長的考驗，成長也需要付出代價，還有生老病死無從逃避，唯一能夠解決問題的人，似乎只有自己。

我必須拿孤獨當娛樂，一切都顯得緩慢，苦澀。

我知道世界是黑暗、無光，但負傷挺進的人只能是我們。

為了找到快樂，不言退，不流淚，不狼狽，也不想認命迎合，不是嗎？

痛瀕臨快樂。

痛心疼快樂。

你也是，我也是。

《自畫像》，聽說美術大學入學考試常考的就是這一題。我是誰？是永恆的命題，也是最難的一題。

因為這個「我」是我們朝夕相處無從逃避的人，但每日在鏡中看見的人，在忙碌的日子裡停下來時，也常常是覺得最陌生的人。

他是誰？20 年前的我如果還有機會跟現在的我對話呢？

經過滴答滴，滴答滴，時間淬鍊了光澤，只有記憶淡了，真實的感受才浮現出來，變得深刻，遠看著你，是完美，卻不懂，我們之間，唱著歌，我願坐下來，聽聽我自己唱唱

看我是誰。

誰能理解我這 20 年呢？誰曾經跟我一起凝視著他呢？我找來多年的合作夥伴，同時也是林秋離老師的徒弟林怡鳳來作詞。

還在海蝶時，怡鳳是負責照護我生活起居的助理，後來逐漸熟識成為好友，她幫我寫詞，我們成為最好的合作夥伴。

這次找她寫詞，是因為好奇如果透過她的角度來寫我的話，那會是怎樣的林俊傑？而後來，我從這首歌的歌詞裡找到一種親密感，認為這首歌在講自己，也在講每個人心中的投射出來的「你」。在她的眼中，我永遠是當初剛來臺北的小孩，她永遠能看見我的初衷與美好。

這首歌的視覺靈感源自我在 Instagram 上看到一位英國韓裔畫家 Henrik Uldalen 的畫作，我非常喜歡他的作品，主動私訊對方，希望能為我畫像。對方答應以後，要求我拍攝一張赤裸上半身，雙手伸向空氣中的照片給他。

最初，大家都不明白為什麼需要這麼做，但看到成品後，大家都感到非常驚艷。

我也理解，每個人都是透過他人的視線來看自己，聽歌也是。

這是我的自畫像，也是每個人的自畫像。

20 年，如果還剩一件事情可以做呢？

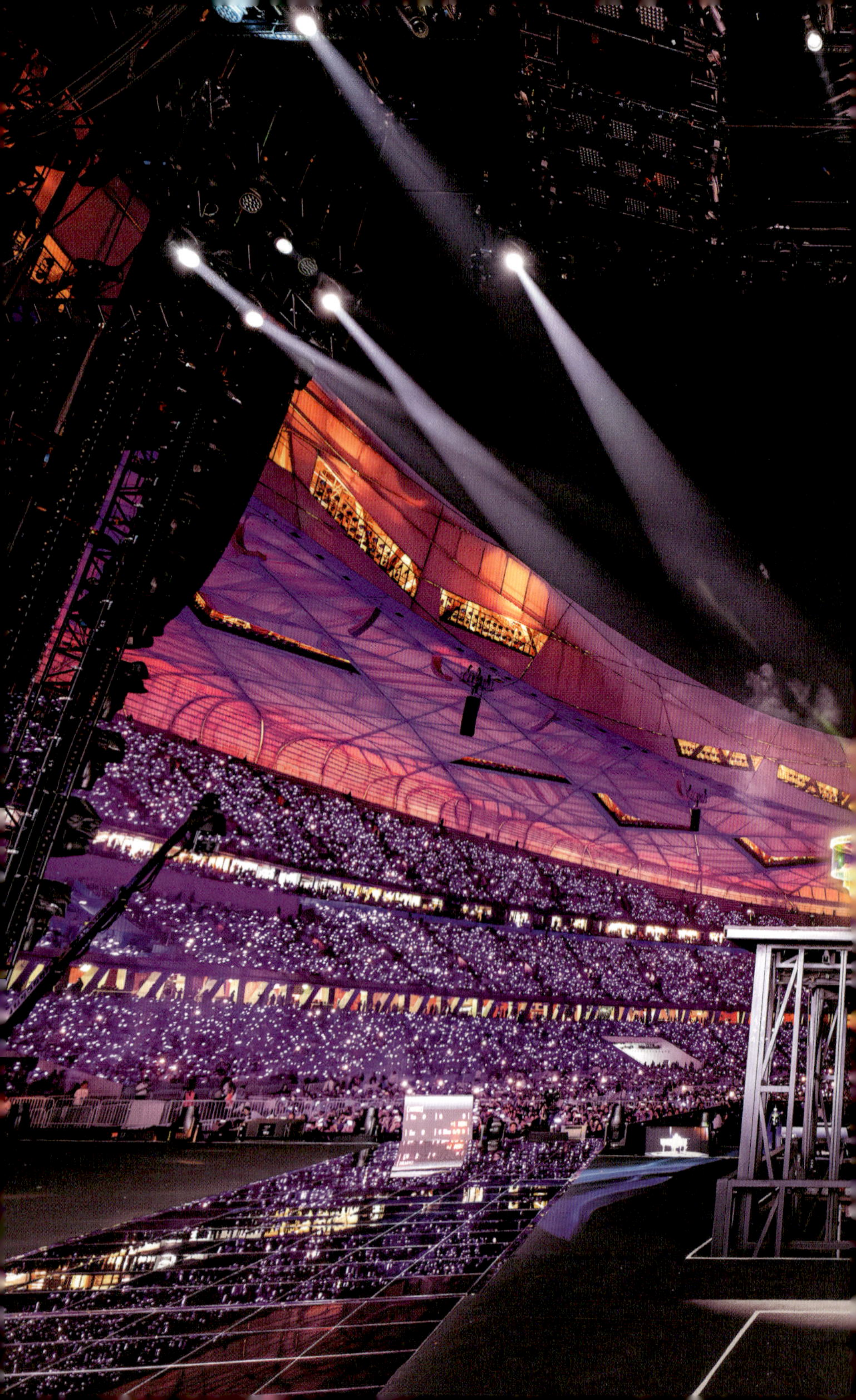

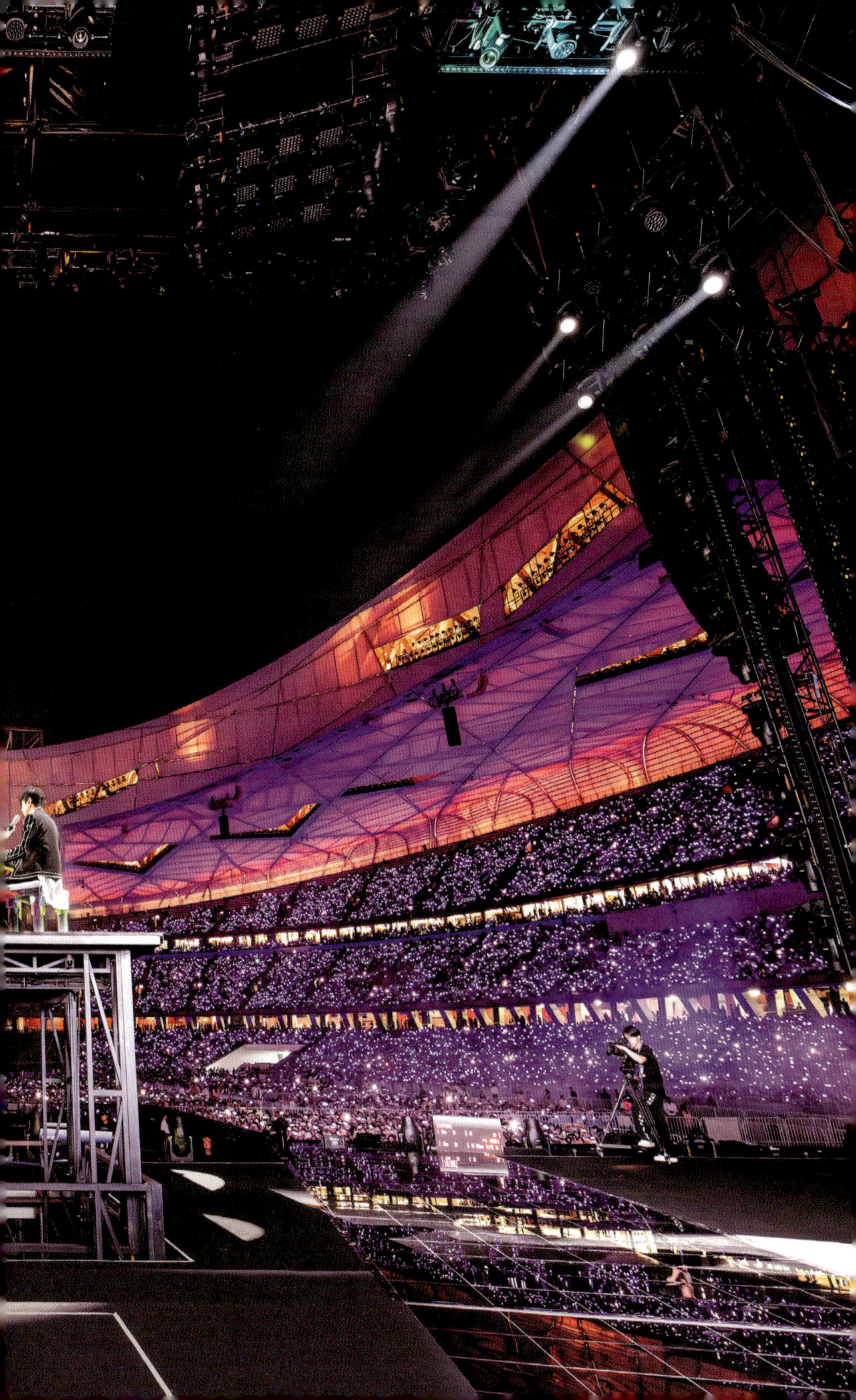

選擇愛吧。

克里斯多福・諾蘭的《星際效應》，我最喜歡的是遇到困難時，人需要出發去面對問題，出發是爲了保護自己最重視的人事物，也許命運的安排，我們不得不出發。

對我來說，音樂創作是包含這一切的理由。

然而回過頭看，在這時間的宇宙裡不管航行多久多遠，終究是爲了愛，爲了難得的牽絆，父親與女兒的親情是一種，男與女的情愛是一種，歌手與歌迷的相知也是一種，我想這孤獨的探索不管有多遠多久，終究都是爲了愛吧！

在追尋愛裡，卽使孤單，我們也得以重拾快樂，這是我所相信的。

→ 許環良老師說

聽了林俊傑準備收錄在 20 週年專輯中的新作《Dust and Ashes》後覺得欣慰，因為聽到了林俊傑的初心。

網際網路時代，資訊獲取相當容易，相對應的是觀眾的注意力更容易被分散。打開網路，大家都忙著種草，比誰的草地更大，但種草是無用的，只有種樹才有用。只有樹，才能讓人們在茫茫草地中一眼看見它的身影。種樹的重點並不是那棵樹長得有多高，而是它的根紮得多深。網際網路時代讓大家變得越來越碎片化，音樂人趨向於做更多的嘗試與突破，卻忘了檢視自己的根是不是足夠深。

而林俊傑最可貴的是，他即使經歷過多次身分轉換，卻依舊沒有忘根。在我打造過的眾多歌手中，林俊傑是很特別的存在。他非常清楚地知道自己是如何成功，如何一步步走到今天的，而有些歌手成功後便忽視了過去的積累。現在許多歌手都想要嘗試成為製作人，這並非不可取，但成為製作人需要很多時間與精力，更不應該藉此否定自己過去的作品，說出諸如「這才是我真正想表達的」這類的話。一個歌手之所以能走到現在，完全是因為他過去的積累。

Encore
and
Beyond
非 關 安 可

大部分人都是透過林俊傑的歌曲認識我的。然而，有些心情和感動，真的不是音符都能表達出來。

小時候，我其實是個愛寫日記的孩子。那些藏在心底的感受，如果不寫下來，就會像風一樣消失，再也找不回來。有時候，用寫的，更直接、更純粹。

這本書，算是目前為止這輩子寫過最長的一篇日

記了。JJ20，出道 20 年，因爲有音樂跟歌迷相伴，覺得自己的人生眞的很精采！我一直相信，每個人來到這個世界上，都是帶著一份特別的天賦和使命。或許你曾經迷茫，但只要願意嘗試和努力，你也可以擁有自己的夢想成眞！

　　我始終相信，這個世界上充滿了心裡裹著光的人，也希望我的堅持和努力，能夠帶給朋友們更多的溫暖和光芒。我會繼續帶著微笑，用音樂表達自己，讓每一天都過得開心滿足。

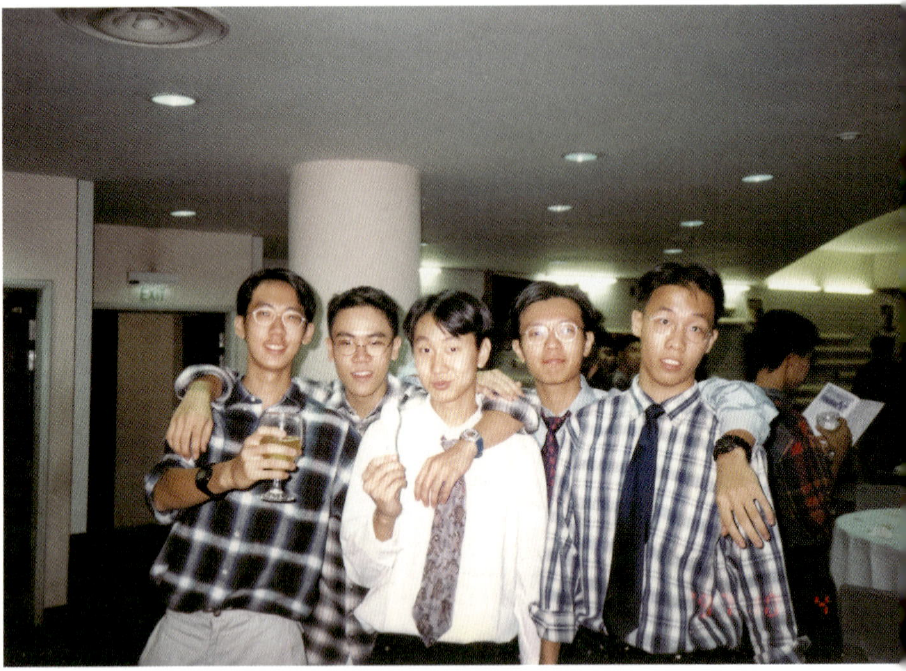

←↑ 中學畢業典禮與同學合影。

↑ 與高中同學。

↑ 高中美術班同學，學校本來沒有美術班，四人一起跟學校申請，後來成立了第一屆的美術班。

林俊傑

歌手、製作人

2003 年推出個人首張專輯《樂行者》

因其出色的現場表演和寬廣的音域被樂迷稱為「行走的 CD」

2023 年是他以歌手身分出道的第 20 年

音樂事業之外，林俊傑還是一位創業者

也成立了製作公司 JFJ Productions

生活方式品牌 SMG

電競組織 Team SMG

手工咖啡品牌 Miracle Coffee

對林俊傑來說，勇於嘗試、堅持信念，是永遠的態度

何昕明

擔任編劇超過 20 年，曾獲得金馬獎、金雞獎與金鐘獎最佳編劇獎項提名、編劇協會頒發的年度最佳編劇獎，以及多次優良電影劇本獎、電視劇本獎，現為政治大學傳播學院兼任助理教授，並擔任瀚草影視野草計畫、上海克頓傳媒中國好劇本大賽一、二屆評審。好故事工作坊負責人與編劇統籌，編寫《S.O.P 女王》、《剩女保鏢》、《杉杉來了》、《微微一笑很傾城》等電視劇與《變身超人》、《南方小羊牧場》等電影。2018 年以電影編劇作品《後來的我們》，創下 50 多億新臺幣票房佳績，更於同年獲得臺灣金馬獎與大陸金雞獎最佳改編劇本獎之提名肯定。近期作品為 2023 年於 Netflix 上映改編自宮

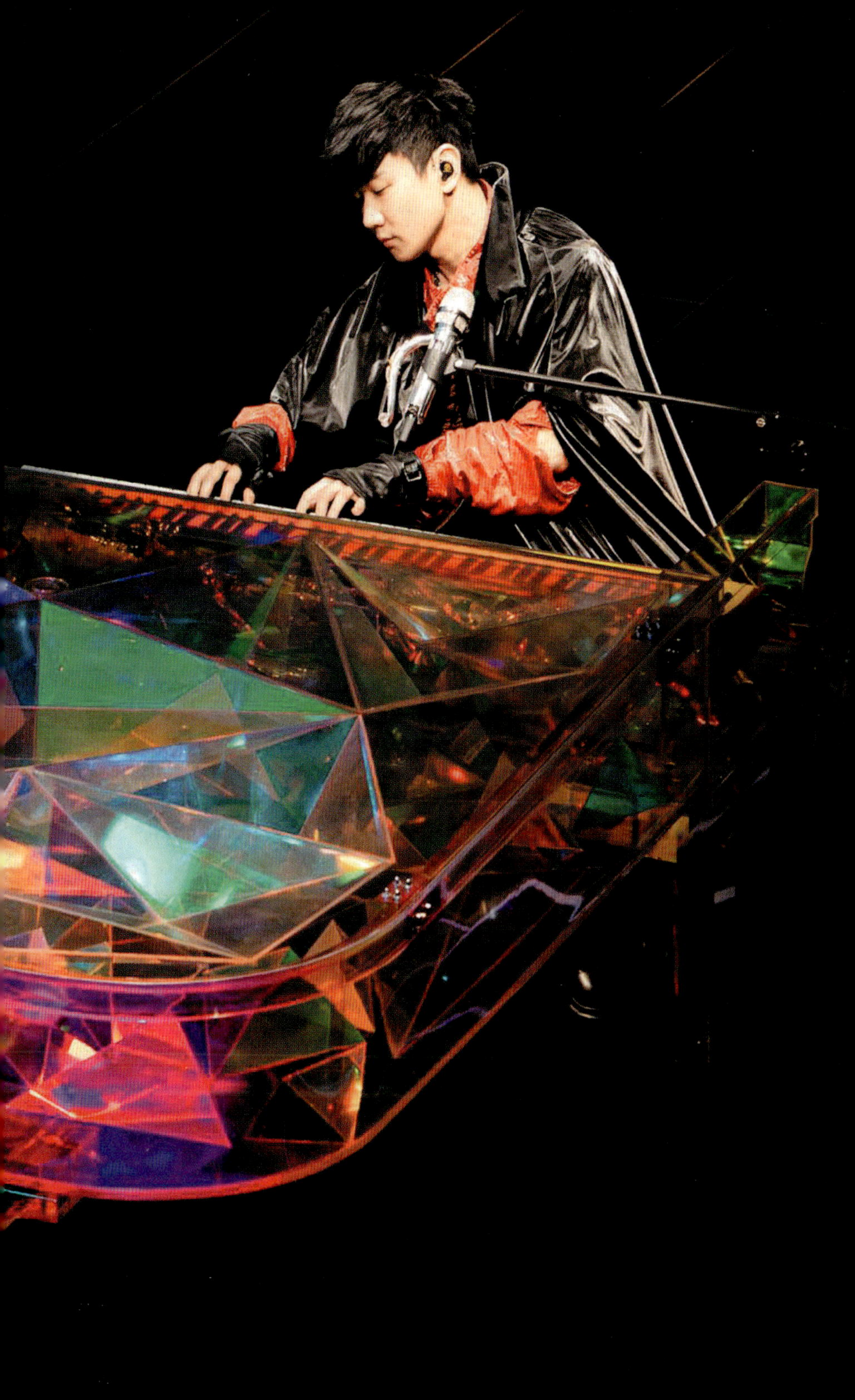

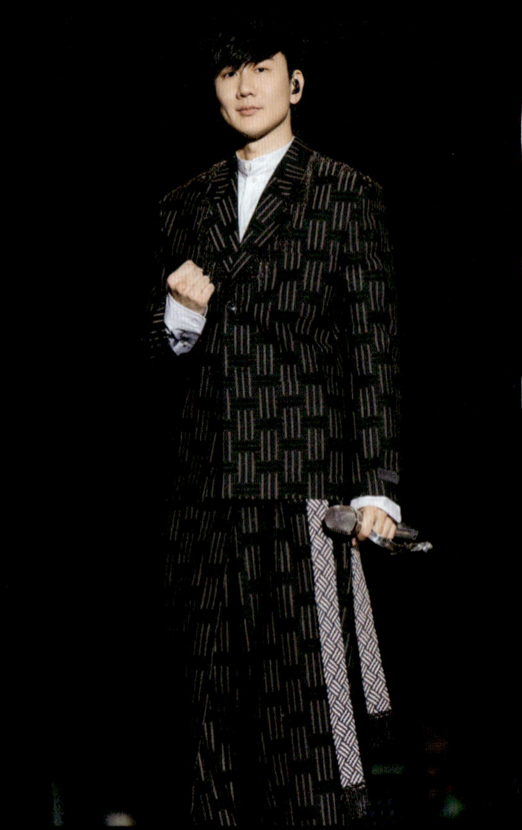
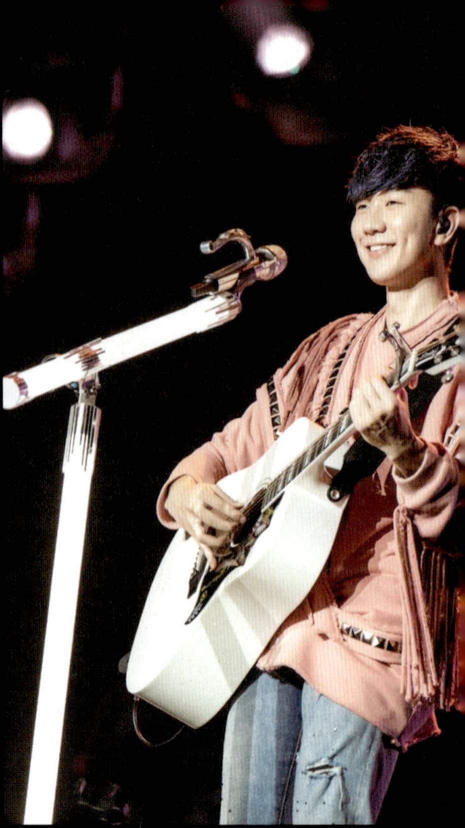
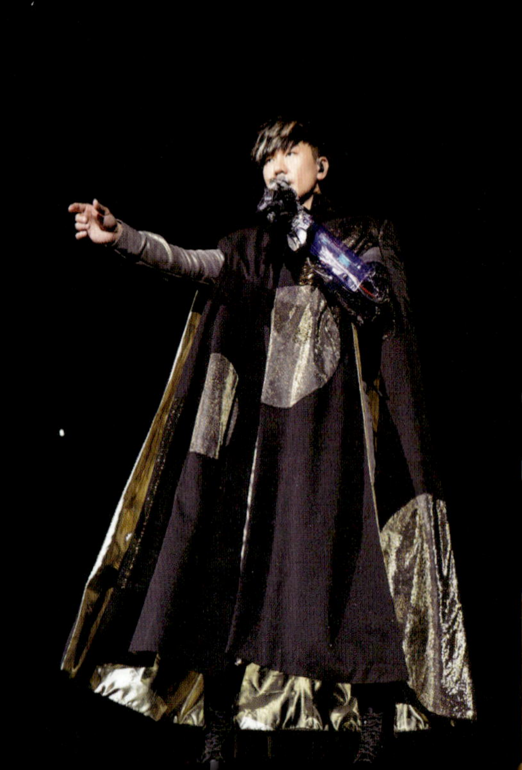
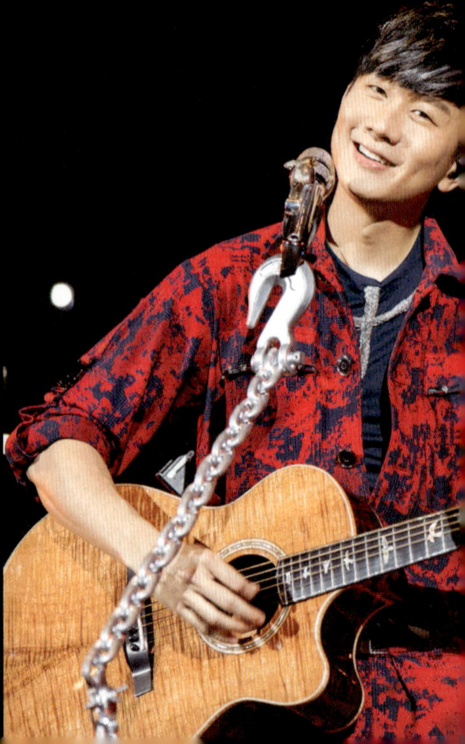

監製：林俊傑 JJ Lin
徐佩雲 Yvonne See

藝人經紀：徐佩雲 Yvonne See
孫凡崴 Gaspard Sun
陳淑珍 Karen Tan

數位創意執行製作：萬懷祖 Luat Wan

行政統籌：孫凡崴 Gaspard Sun

內容參與

巡演營運總監 \ 奇蹟咖啡董事長：陳鵬澤 Derek Chen
JFJ 總經理：黃冠龍 Alex.D
SMG 營運總監：陳俊勛 Bruce Chen
SMG 美術總監：郁明軒 Ming Yu
藝人助理：彭靖深 JS Pang

特別感謝
（按拼音順序）

蔡康永　何炅　林爸爸　孫燕姿　王嘉爾　五月天阿信　周杰倫

鳴謝

林媽媽　林哥哥　陳澤杉　林怡鳳　許環良　易家揚　張懷秋

封面畫像：Henrik Uldalen

© 2024 JFJ PRODUCTIONS CORP. LTD 版權所有

策劃製作
可起工作室 TRUE UP STUDIO
劉希艾 Olivia Liu　陳郁文 Chen yuwen

文字記錄
陳怡慧 TAN YEE HUI

# 超越音符
>>> 林俊傑 20 週年

作　　者	林俊傑、何昕明
主　　編	蔡月薰
企　　劃	蔡雨庭
美術設計	謝佳穎
內頁編排	楊雅期
校　　對	Itsuki Chang、彭一民、蕭淑芳、葉瓊萱

總 編 輯	梁芳春
董 事 長	趙政岷
出 版 者	時報文化出版企業股份有限公司
	108019 台北市和平西路三段 240 號 7 樓
發行專線	(02) 2306-6842
讀者服務專線	0800-231-705、(02) 2304-7103
讀者服務傳真	(02) 2304-6858
郵　　撥	1934-4724 時報文化出版公司
信　　箱	10899 台北華江橋郵局第 99 信箱
時報悅讀網	www.readingtimes.com.tw
電子郵件信箱	books@readingtimes.com.tw
法律顧問	理律法律事務所 陳長文律師、李念祖律師
印　　刷	勁達印刷有限公司
Ｉ Ｓ Ｂ Ｎ	978-626-419-065-7（平裝）NT$：680 元
	978-626-419-110-4（精裝）NT$：1280 元
初版一刷	2024 年 12 月 20 日
平裝本定價	新台幣 680 元
精裝本定價	新台幣 1280 元

超越音符：林俊傑 20 週年／林俊傑, 何昕明作. -- 初版. -- 臺北市：時報文化出版企業股份有限公司, 2024.12
　面；　公分
ISBN 978-626-419-065-7（平裝）
ISBN 978-626-419-110-4（精裝）
1.CST: 林俊傑 2.CST: 自傳
783.878　　　　　　　　　113018380

版權所有，翻印必究（缺頁或破損的書，請寄回更換）
ISBN │ Printed in Taiwan │ All right reserved.

時報文化出版公司成立於一九七五年，並於一九九九年股票上櫃公開發行，於二〇〇八年脫離中時集團非屬旺中，以「尊重智慧與創意的文化事業」為信念。